U0105574

大國信仰

鄭有荃　著

內容簡介

　　要深入進行理想信念教育，就必須堅持中國特色社會主義，同時發展形成融合中國國情的科學社會主義理論體系，從中國擴展到世界，從過去、現在延伸到未來。這就是習總書記所講的歷史和未來貫通的時間思維、理論和實踐結合的現實思維以及中國和世界同理的空間思維，也就是「馬克思主義的中國化」。

　　中國特色社會主義和融合中國國情的科學社會主義兩大學科密切交融，中國特色社會主義是科學社會主義最重要的內容。融合中國國情的科學社會主義既是中國的，又是世界的；既是實事求是的實踐，又是以理服人的探索；既是對過去中國革命史的科學總結，又是對未來全世界社會主義必然發展到共產主義的科學預見。兩大學科密切交融，將社會主義理想信念教育落到實處。

　　本書闡述融合中國國情的科學社會主義設想，由序言和正文五章組成。

　　序言部分根據馬克思主義的基本理論，以黨的十七大「鞏固和發展社會主義制度則需要幾代人、十幾代人甚至幾十代人堅持不懈地努力奮鬥」作為理論根據，分析了資本主義和社會主義的相似和不同，進而提出社會主義國家制度發展到共產主義的五個時期。

　　正文部分以社會主義國家制度發展到共產主義的五個時期各作一章。

　　通過中國新民主主義革命和社會主義建設的史實，結合社會主義在

蘇聯受到的挫折以及世界各國社會主義流派的發展情況，來闡述中國特色社會主義制度的萌芽、確立和完善時期。

再根據世界各國社會主義運動的最新發展狀況和中國社會主義完善國家制度的榜樣作用，來展望第四個時期：世界社會主義發展到不分種族國家的完全平等和共同富裕，多數國家進入社會主義的成熟時期。

之後，社會主義制度本質上的公平公正，必定為世界人民接受，經過社會主義國家聯合體的大融合時期，實現共產主義。

本書力求通俗易懂，以理服人，是中國社會主義理想信念教育的研究專著，企望拋磚引玉，得到社會關注。更希望熱心的專家學者和廣大讀者，一起來探討社會主義發展到共產主義的客觀規律，豐富和完善融合中國國情的科學社會主義理論體系。

社會主義與資本主義的發展和比較

　　個人有信仰才不與禽獸為伍，社會有信仰才有發展方向，為信仰而探討社會發展對我們每一個個體來說都十分必要。

　　二〇一五年十月，首屆世界馬克思主義大會在北京大學舉行。共有來自近二十個國家的四百多名馬克思主義研究學者和中國問題研究專家參加，大會以「馬克思主義與人類發展」為主題，圍繞馬克思主義在世界範圍內的交流、傳播與發展及其在推動社會進步和文明發展中的重要價值進行研討。

　　馬克思身處社會主義剛剛開始發展的時代，他寫的創世紀巨著——《共產黨宣言》，指導社會主義的航船劈開暴風驟雨，增強了船上眾人的信心。

　　經過無數驚濤駭浪，殘石暗礁，更多更大的航船重新啟航。礁石被轟然炸開，船技日趨純熟，力量更加壯大。現在有了一百多年社會主義遠航的經驗教訓，對中國和世界社會主義的發展，我們應該比馬克思時代看得更具體、更明白。

　　如果現在宣傳的共產主義理想，仍然停留在「社會生產力高度發展，社會物質財富極大豐富，人們思想覺悟極大提高，各盡所能，按需

分配」這幾句高度概括的話，共產主義就像天上的月亮，瓊樓玉宇，聖潔光明，雖然無限美好，卻又無從攀登，可望而不可即。我們在向幹部群眾進行社會主義理想信念教育時，就很難闡述清楚社會主義的未來，也就很難讓幹部群眾理解和接受：現實中的社會主義必然發展到共產主義。

所以，我們現在最應該探討的是：社會主義中國在生產力高度發展之後，怎樣完善社會管理制度和人民民主監督機制？怎樣解決資本主義國家無法解決的貧富懸殊問題？中國社會主義在國際社會主義運動中的地位和連繫是什麼？世界社會主義發展到共產主義的客觀規律和時代傳承如何？必須依據馬克思主義理論和中國以及世界各國社會主義發展的客觀實踐，具體明確探討全世界社會主義到共產主義的發展前景，方能引導人民群眾樹立起中國和世界社會主義必然發展到共產主義的堅定信仰。

一、構建融合中國國情的科學社會主義理論體系　具有深遠的意義

（一）社會主義理想，是對未來的憧憬

一國或幾國的社會主義，是共產主義的初級階段。各國鞏固和發展社會主義制度到達成熟時期，就是可以在全世界過渡到共產主義的高級階段。中國經過新民主主義革命到社會主義建設的百年發展，正處於社會主義國家制度向前發展並走向完善的時期。

二〇〇七年十月，中國共產黨在十七大報告中指出，鞏固和發展社會主義制度需要幾代人、十幾代人甚至幾十代人堅持不懈地努力奮鬥。

「幾代人」有可能太急切，「幾十代人」顯得太漫長，長得似乎難

以看到社會主義的前景。

根據本書的研究，建成社會主義需要「十幾代人堅持不懈地努力奮鬥」，這是本書的基本觀點。

也就是說，從現在起不走彎路，再過三四百年，就可以在中國鞏固和發展社會主義制度，為世界人民樹立起社會主義發展相對完善的榜樣。

與此同時，世界資本主義的基本矛盾正在加速激化，資本主義雖然還有著較強的生命力，但也在加速透支生命力。二○○八年以來的資本主義經濟危機，表明了資本主義正在走向衰落。

社會主義正在全世界發展，世界社會主義運動將要掀起高潮。經過三四百年奮鬥，多數國家可望進入社會主義，社會主義制度在全世界發展進入成熟時期，也就能夠將實現共產主義提上日程。

中國社會在這二三十年之間注重經濟發展，對社會主義的理想信念教育有所忽視，也很少對社會主義應該怎樣發展到共產主義進行探討，信仰缺失，社會道德滑坡已經成了不爭的事實。特別是在先富起來的人群中，對社會主義的追求少了；部分黨員幹部對共產主義的信仰淡漠了，熱衷「三公」消費，甚至腐敗變質。這些消極現象為什麼產生，又應該怎樣清除呢？

對，必須在全社會大張旗鼓地開展社會主義理想信念教育。國民道德教育應該從理想信念教育抓起，反腐敗也必須從理想信念教育抓起。

習總書記近年來多次要求，要在黨內黨外加強社會主義理想信念教育。他表示，對馬克思主義的信仰，對社會主義和共產主義的信念，是共產黨人的政治靈魂，是共產黨人經受住任何考驗的精神支柱。

怎樣加強理想信念教育？這要從什麼是理想信念談起：理想，是對未來的憧憬和嚮往；信念，是對信仰的執著堅守。

社會主義能不能說得清楚？中國現在走的路是不是社會主義道路？

共產主義是不是人類社會發展的必然趨勢？這些問題的重複提出，說明我們的理想信念教育沒有做到最好。

我們的社會主義理想信念教育只談過去的奮鬥和現在的探索，只講中國改革開放的必要和社會全面改革的重要。這當然非常應該，但還遠遠不夠。我們對共產主義理想的闡述，還停留在馬克思的幾句話：生產力高度發展，物質極度豐富，人們的思想覺悟極度提高，各盡所能，按需分配。

馬克思在世時只能這樣概括地闡述。經過一百多年的社會主義實踐，仍然原話照搬，就和世界社會主義發展的現實脫節了，當然會造成少數意志不堅定的共產黨人理想信念的缺失，對社會主義前景感到迷茫，這種迷茫是他們走向貪腐道路的重要因素。

同時還有部分黨員和很多群眾不明白，現在中國社會主義多種所有制同時存在，政治經濟制度不夠完善而造成的貪腐嚴重、貧富懸殊的社會現狀和未來的共產主義理想有什麼傳承關係，這也會導致他們對社會主義發展前景的迷茫。

中國特色社會主義理論是馬克思主義理論在中國的新發展，對中國社會主義的發展起到了極大的指導作用。只是，限於其內涵和外延，中國特色社會主義理論闡述最多的，是適應中國國情的社會主義發展，規劃到二〇二〇年實現小康，到二〇五〇年全面完善社會主義國家制度。但是，中國特色社會主義發展的未來，不可能脫離世界社會主義運動的發展而單獨存在。

中國特色社會主義理論很少涉及對國際社會主義的闡述，對中國和世界的社會主義運動怎樣發展到共產主義也很少探討。而社會主義到共產主義的傳承發展，應該是社會主義理想信念教育最重要的內容。

社會主義理想信念教育必須講清楚：社會主義的由來；馬克思社會主義理論及實踐；社會主義的曲折發展和光明前途；資本主義生產關係

必然衰落的歷史因素和較長的過程；中國特色社會主義在國際社會主義運動中的地位和連繫；世界社會主義發展到共產主義的必然趨勢和時代傳承；要堅信共產主義一定實現，方能樹立對社會主義理想信念的堅定信仰。

當今中國要解決貪腐問題，完善社會主義制度，形成改革共識，必須形成對中國和世界社會主義認識最深刻、最全面、最科學的理論體系。這就是既符合馬克思主義基本原理，又融合中國國情的科學社會主義理論體系。

習總書記重申，建立這樣的理論體系必須堅持中國和世界同理、理論和實踐結合、歷史和未來貫通的理論創新。

只有這樣融合中國國情的科學社會主義理論體系，才能夠科學系統地講清楚：中國特色社會主義和世界社會主義運動發展到共產主義的必然趨勢和時代傳承。為中國特色社會主義的發展，提供堅實的理論基礎和鮮活的實踐源泉。

相反，如果缺失融合中國國情的科學社會主義對世界各國社會主義怎樣發展到共產主義的時代傳承的探討，我們的理想信念教育當然顯得蒼白無力，就像沒打好基礎的半成品，不足以展現共產主義理想大廈的風采。

（二）從中國國情出發，努力完善科學社會主義理論體系

在建立發展成熟的中國特色社會主義理論的同時，必須發展形成融合中國國情的科學社會主義理論體系。

什麼是科學社會主義？簡單的定義就是馬克思論述社會主義產生和發展規律的學說，是相對於空想社會主義而言的理論。

中國改革開放前的科學社會主義理論來自蘇聯。該理論是從蘇聯的

政治需要出發，闡述馬恩列斯的科學社會主義理論，敘述以列寧、史達林為代表的蘇聯社會主義陣營，與各國帝國主義和第二國際機會主義的反復鬥爭，展示蘇聯社會主義革命的豐功偉績。蘇聯解體後，蘇聯建立的科學社會主義理論也被質疑。

但是，馬克思的科學社會主義理論形成在前，蘇聯錯誤的科學社會主義曲解在後，蘇聯解體無損馬克思科學社會主義理論的光輝。

中國的科學社會主義雖然來自蘇聯，但是在遵義會議前後，已經在事實上形成了「融合中國國情的科學社會主義」，再經過多次實踐檢驗，眾望所歸。所以，「融合中國國情的科學社會主義」，在中國早就已經獨立存在。

但是，蘇聯解體客觀上也影響了馬克思科學社會主義理論在中國的繼續發展，致使中國的科學社會主義被虛化。缺失了對世界社會主義運動的全面理解和未來全世界社會主義應該怎樣發展到共產主義的科學探討，不知不覺，社會主義理想信念教育停滯了，相當數量的中國人失去信仰，開始懷疑社會主義的共同富裕，懷疑共產主義是天上的月亮可望而不可即，只相信金錢，不相信全世界的社會主義運動必然發展到共產主義。

二〇一六年五月十七日，習總書記在哲學社會科學工作座談會上發表講話，要求構建中國特色的哲學和社會科學，推進馬克思主義中國化。習總書記表示，社會上存在一些模糊甚至錯誤的認識。有的認為馬克思主義已經過時，中國現在搞的不是馬克思主義；有的說馬克思主義只是一種意識形態說教，沒有學術上的學理性和系統性。實際工作中，在有的領域中馬克思主義被邊緣化、空泛化、標籤化，在一些學科中「失語」、教材中「失蹤」、論壇上「失聲」。這種狀況必須引起我們高度重視。

習總書記提出，中國哲學社會科學的一項重要任務就是繼續推進馬

克思主義中國化、時代化、大眾化，繼續發展二十一世紀馬克思主義、當代中國馬克思主義。

應該怎樣解釋馬克思主義中國化呢？馬克思主義包括哲學、政治經濟學和科學社會主義。所以，運用馬克思辯證唯物主義和歷史唯物主義哲學思想和政治經濟學理論，發展完善融合中國國情的科學社會主義，就是馬克思主義中國化。

因此，必須儘快從中國實際出發，以馬克思科學社會主義理論為基礎，以中國特色社會主義理論為出發點，構建融合中國國情的科學社會主義理論體系，把研究社會主義的範圍，從中國擴展到世界，將探討社會主義的時間階段，從過去、現在延伸到未來，彌補科學社會主義理論在中國發展的空白。這是理想信念教育的需要，也是深入反腐敗的需要。

這樣形成的科學社會主義理論體系，既是中國的，又是世界的；既是實事求是的實踐，又是以理服人的探索；既是對過去中國革命史的科學總結，又是對未來全世界社會主義必然發展到共產主義的科學預見。

只有堅持中國特色社會主義理論，同時又構建了融合中國國情的科學社會主義理論體系，並以此為指導，我們的社會主義理想信念教育才會觀點鮮明，目標正確，內容具體，落到實處。

（三）堅守社會主義信念，再創共產主義輝煌

我們從事的是前人沒有做過的社會主義事業，雖然有著明確的信念目標，但是也沒有現成的道路，在探索中才能前進。

就像是十幾代人合修一幢整體十多層的共產主義高樓，首先要有一個明確的最終目標，那就是中共一大制定的實現共產主義的最高綱領。然後以三十年為一代，一代人承包一層樓的建設，為該層樓制定出以最高綱領為指導的，又切合當時社會發展實際的具體綱領，來具體建設這

一代人必須建好的這一層樓體。這樣反復實踐，認真探索，修正偏斜，穩固向上建好每一層樓體，共產主義高樓就一定能建造成功。

從二十世紀初開始，中國社會主義從萌芽到確立，已經經過了三代人的努力奮鬥，打下了堅實基礎，並且建好了前三層。第一層的具體綱領是馬克思主義理論和中國的具體實際相結合，槍桿子裡出政權；第二層的具體綱領是建立社會主義制度，排除「左」的干擾，抓好經濟發展；第三層的具體綱領是走中國特色社會主義道路，可以讓一部分人先富起來。

在前三層樓體的建造中，每一層都經過了應該怎樣建造的考驗。比如建第一層時來自共產國際的干擾，要求一切服從共產國際，造成黨和紅軍的嚴重損失；建第二層時的封建觀念和「左」傾錯誤，導致個人崇拜和階級鬥爭擴大化；建第三層時關於「姓社姓資」和市場經濟的討論，確定改革開放，將馬克思主義理論結合中國實際，發展出了中國特色社會主義理論。整體十多層的共產主義高樓，前三層的建造實踐說明：只要我們始終堅守信念、與時俱進，就一定能夠站高望遠，揮除現實的迷茫。

現在，該我們這代人建造至關重要的第四層樓體，具體綱領是全面改革和完善社會主義制度，實現共同富裕。如果建造得好，就能夠從完善社會主義制度的大方向，保證未來各層的建造都能夠穩固向上。

結合世界社會主義一百多年的實踐和中國社會主義大廈前三層的建造經驗，再看著世界資本主義的衰落和社會主義兩大流派的發展壯大，我們現在完全有必要、也具備了這樣的條件，比較社會主義與資本主義的發展特徵，充分闡述社會主義共同富裕的優越性和實現的必然性。

同時也可以結合社會主義的發展現實，探討社會主義未來的發展時期，社會主義將怎樣發展到共產主義以及未來共產主義的政治特徵、經濟特徵和社會特徵，從整體上勾畫出共產主義大廈的宏偉藍圖。就如同

十七大報告比較客觀和穩重的估計，十幾代人可以建成社會主義。

　　這樣以馬克思主義理論為依據，又融合中國特色的科學社會主義發展實際的著作，通俗易懂，以理服人，可以作為社會主義理想信念教育的輔導讀物。從而幫助那些對共產主義遠大目標失去信仰的人走出迷茫，更有助於幫助我們樹立社會主義前途光明、共產主義一定實現的理想和信念。

二、比較社會主義與資本主義的發展和本質

　　社會主義是在資本主義發展的基礎上發展起來的，兩種制度相比，哪種更好、更優秀？社會主義的優越性，需要相當長時間才能表現出來。然而，這兩種都屬於大工業生產的社會制度，需要幾百年爭鬥整合，才能決出最適合未來世界的好制度。

　　是資本主義制度，還是社會主義制度能夠為全人類共同接受呢？

　　這要看社會主義和資本主義有什麼相似和不同。

（一）發展相似：都是先進的社會制度代替落後的社會制度

　　資本主義制度代替野蠻落後的封建制度，科學技術迅速發展，生產力突飛猛進；社會主義制度正在代替掠奪剝削的資本主義制度，科學技術和生產力會有更大發展。未來十年中國經濟總量將要超越美國，就是社會主義制度優於資本主義制度的最好證明。

　　先進的社會制度代替落後的社會制度是一個歷史過程，資本主義和社會主義兩種國家制度的發展，都需要經歷從萌芽、確立到完善、成熟的四個時期。

　　我們先談談資本主義國家制度發展的四個時期。

一五六六至一六〇九年世界歷史上第一次資產階級革命——尼德蘭革命，是世界資本主義國家制度的萌芽時期。尼德蘭革命使西班牙陷入危機，約四十年不能自拔，經濟和軍事上都迅速削弱，為各國資產階級搬開了前進道路上的第一個絆腳石。戰後建立了資本主義性質的國家，解放生產力的積極因素開始顯現出來，開始打破世界相對隔絕的狀態，世界市場雛形開始出現。

一六四〇年英國資產階級革命到一七八九年法國資產階級革命，是資本主義國家制度的確立時期。資產階級初步取得了國家政權，但是還受到封建勢力的頑強抵抗。封建復辟與反復辟的鬥爭，在英法兩個國家都分別持續了近一個世紀，在人民群眾的支持下，確立了資本主義國家制度。新航路開闢後，西歐國家開始對外殖民擴張，在客觀上加強了世界各地的經濟連繫，世界市場得到拓展。同時開始的第一次工業革命，增強了資產階級的力量。

美國資產階級革命期間頒布了一七八七年憲法，一八七二年美國國民生產總值超過英國，確立了以三權分立相互制衡為原則的資產階級民主共和政體，這是資本主義國家制度的完善時期。資本主義國家迫切要求開拓海外商品市場和原料產地，世界還有空間容納資本主義殖民擴展的步伐，資本主義自由發展。通過血與火的侵略擴張，在亞非拉廣大地區建立了殖民地或半殖民地，傾銷商品，收購原料，基本形成資本主義世界市場，資本主義管理制度比較完善。

之後資本主義迅速發展，第二次工業革命促進壟斷組織的產生，推動資本主義國家掀起瓜分世界的狂潮，把世界幾乎瓜分完畢。十九世紀末二十世紀初，資本主義世界市場最終完全形成，資本主義世界經濟體系的形成。資本主義發展到帝國主義的壟斷時期。第二次世界大戰結束之後，資本主義國家占世界國家半數以上，進入資本主義國家制度在全世界的成熟時期。

（二）本質不同：社會主義必然發展到共產主義

資本主義是掠奪剝削的制度。資本主義強國掠奪剝削殖民地，或掠奪剝削資本主義弱國，以至後者長期貧困落後，造成他們之間永遠不可能彌合的矛盾和鬥爭。掠奪剝削決定了資本主義國家內部永遠無法解決貧富懸殊問題，更決定了資本主義制度在全世界發展得不均衡，永遠都不可能發展到不分種族、國家的完全平等和共同富裕。

世界上很多後起的資本主義國家走不出「中等收入陷阱」，就證明了這點。資本主義世界充滿了動亂和戰爭，各國需要建立強大軍隊彼此為敵，不能為共同的理想而統一。即使某個國家靠強大軍事力量控制了世界，一旦力量減弱，世界又會四分五裂，重新陷入永不休止的戰亂之中。

社會主義是消滅剝削，共同富裕，各盡所能，按勞分配的制度，能夠逐漸消除封建主義和資本主義遺留的影響，通過全面的社會改革實現公平公正，通過多種所有制經濟發展實現共同富裕。

資本主義世界的動亂和戰爭，使資本主義必然衰落。資本主義國家會經歷一個較長的歷史階段逐漸轉向社會主義。各個社會主義國家之間平等互利，世界科技大發展促使各國經濟進步，進而發展到不分種族國家的完全平等和共同富裕，國家和軍隊消亡，全世界大融合走向共產主義。

具體地說，社會主義國家制度從萌芽到成熟，最後發展到共產主義，需要五個時期。前四個時期和資本主義相似，同樣需要經歷從萌芽、確立到完善、成熟。由於社會主義的公平本質，能夠實現不分種族國家的平等和富裕，就能夠進入第五個時期，過渡到全世界平等富裕的共產主義社會。

回顧世界社會主義運動的實踐，一八七一年巴黎公社革命採用象徵

社會主義的紅旗，以國民自衛軍代替資產階級常備軍，工人民主選舉公社議會，改造專政機關，廢除官僚制度，在經濟上實行了一些社會主義的改革，標誌著社會主義從理論走向實踐，可以說是社會主義的萌芽。

馬克思在總結巴黎公社革命經驗時明確指出，無產階級專政的首要條件就是無產階級的軍隊。工人階級必須在戰場上爭得自身解放的權利。當然，馬克思也從未排除工人階級用和平手段取得政權的可能性。

工人階級的反抗導致資本主義社會的混亂，資產階級在工人階級的強大壓力下，不得不步步退讓，從十八世紀中期開始建立一定程度的民主制度。這就為工人階級採用和平手段實現部分目的，提供了現實的可能性。

馬克思敏銳地感覺到了資本主義的社會變化。馬克思總結了工人階級鬥爭經驗，指出各國社會主義革命的道路並不是完全一樣的，凡是利用和平方式能夠達到政治目的的地方，舉行起義就是不明智的。例如，英國工人就有可能採用和平方式。後來，英國憲章運動就開始了英國工人的合法鬥爭道路。

馬克思恩格斯總結了早期社會主義革命的經驗，認為資本主義生產資料私有和生產社會化的基本矛盾不可能消除，資本主義的衰落是不可避免的。馬克思主義理論必須和各國的具體國情相結合，由此產生了資本主義過渡到社會主義的各種道路。這就是後來發展起來的世界社會主義各種流派，其中主要有兩條道路。

一是在資本主義發展不夠成熟的國家，工人力量強大，革命容易成功，可以利用資本主義發展的危機，比如戰爭造成資產階級力量削弱、資本主義衰落等機會，走科學社會主義道路，發動暴力革命推翻資產階級政權，建立無產階級專政的國家，鎮壓剝削階級的反抗，發展到社會主義社會。

二是在資本主義發展比較成熟的國家，資產階級統治力量很強大，

工人階級力量不足，在和平時期舉行起義就是不明智的，可以如同英國憲章運動那樣，走民主社會主義道路，通過合法鬥爭爭取政治權力，取得執政權。在資本主義衰亡的條件成熟以後，再來進行社會主義改革，過渡到社會主義社會。

馬克思逝世後，恩格斯發現，資本主義並沒有像預期的那樣衰落，反而進入了帝國主義的壟斷時期，這說明資本主義仍然有著較強的生命力。在資本主義強國發動無產階級暴力革命難以成功。

一八八九年七月十四日，恩格斯作為創始人之一，在巴黎創立了第二國際（也稱社會主義國際），通過《勞工法案》及《五一節案》，決定以同盟罷工作為工人鬥爭的武器。恩格斯在理論和實踐上都為第二國際做了大量工作，促進了馬克思主義在各國先進工人內部的傳播。在後來的長期發展中，通過議政執政，幫助資產階級逐漸完善了資本主義社會的民主管理制度。

恩格斯於一八九五年逝世後，由於資本主義的較強生命力，第二國際發生分化，其路線方針有了很大倒退，而後因第一次世界大戰爆發而解散。

無產階級暴力革命並未像馬克思恩格斯預想的那樣，在發達資本主義國家取得勝利，而是在政治經濟落後的俄國和中國率先獲得成功。然而，資本主義未能充分發展，也使俄國和中國的科學社會主義道路走得曲折而艱難。

中國社會主義在摸索中總結出成功經驗，開始社會全面改革，進入了中國特色社會主義制度的完善時期。

由於世界社會主義運動的暫時曲折，所以為了全方位地展示社會主義國家制度的發展，只能以中國新民主主義革命和社會主義建設的史實，結合社會主義在蘇聯遭到挫折帶來的迷茫，以及世界各國社會主義流派的發展情況，來闡述中國社會主義國家制度的萌芽、確立和完善。

再根據世界各國社會主義運動的最新發展和中國社會主義完善制度的榜樣作用，來展望第四個時期：社會主義發展到不分種族、國家的完全平等和共同富裕，世界多數國家進入社會主義的成熟時期。剩餘的少數資本主義國家經歷或民主或動亂的過程而逐漸衰亡，經過或改革或革命的過程而進入社會主義。

　　全世界科技與交通大發展，促進各地區政治、經濟、文化連繫，社會主義各國以地域為範圍形成社會主義國家聯合體，消除了發生戰爭與動亂的社會根源，國與國之間是平等、協作和互助的友好關係。

　　最後，社會主義制度本質上的公平公正決定了其必定會為世界人民接受，這樣社會主義制度就比資本主義制度多一個大融合時期。

　　若干個社會主義國家聯合體再經過相當長時間的政治大融合、經濟大融合和文化大融合，社會主義國家與軍隊將逐漸失去職能和作用而消亡。在社會各方面條件發展成熟之後，建立全世界統一協調的由最高機構到各級地方的社會管理體系，進入和諧富裕的共產主義社會。

目錄
C O N T E N T S

第三章　中國社會主義制度的發展和完善時期

第四章　社會主義制度在全世界發展的成熟時期

第五章　世界社會主義向共產主義過渡的大融合時期

結束語

第一章　中國社會主義國家制度的
萌芽時期

從一五一六年出版《烏托邦》到現在，世界社會主義經歷了五百年的發展歷程。一八四八年馬克思恩格斯的科學社會主義誕生，世界各國被壓迫人民擁有了爭取民族解放的強大思想武器。巴黎公社失敗所總結出的民主社會主義思想，之後也得到很大發展。

　　二十世紀初，科學社會主義指導了中國共產黨的建立和新民主主義革命的開展，中國社會主義國家制度開始萌芽。經過北伐戰爭、土地革命戰爭、抗日戰爭和解放戰爭，上百萬名共產黨人和人民戰士英勇犧牲，他們的精神支柱是自由、平等的共產主義崇高理想。

第一節 社會主義國家制度萌芽

一、世界社會主義從空想到科學的發展

二〇一三年五月，《正道滄桑——社會主義500年》在電視臺播出。這部電視系列片生動翔實地宣傳介紹了社會主義從空想到科學的五百年發展，深入表現了社會主義發展的曲折歷程和強大生命力，充分展示中國特色社會主義的發展前景。廣大幹部群眾看後增強了道路自信、理論自信、制度自信，增強了堅持中國特色社會主義道路的自覺性、堅定性，為在二〇二〇年全部消除貧困、全面建成小康社會、實現中華民族偉大復興的「中國夢」提供了強大的精神力量。

（一）社會主義理論的起源和發展

社會主義（socialism）一詞源於拉丁文，是一種經濟社會學思想，主張以社會作為整體，由社會擁有和控制資本、土地、資產和產品等，其管理和分配基於公眾利益，從整個社會的共同需求出發，實現資源的充分利用。

1. 空想社會主義的三個發展階段

空想社會主義是伴隨資本主義生產關係的出現而產生的思想體系。空想社會主義經歷了三百多年的盲目徘徊、尋求和探索，經歷了三個發展階段。

第一階段，是十六、十七世紀的早期空想社會主義，出現的只是關於理想社會制度的空想描寫。這一階段的主要代表人物是英國的莫爾、

義大利的康帕內拉和德國的閔采爾。以莫爾的《烏托邦》一書為先聲，繼之有康帕內拉的《太陽城》等。這一階段的空想家關於理想社會的描繪，還流於單純的幻想。

第二階段，是十八世紀的空想社會主義，出現了理論上論證社會主義理想的著作。主要代表人物是法國的梅葉、摩萊里、馬布利和巴貝夫。空想社會主義學說突破《烏托邦》以來的傳統文學的形式，從理論上探討社會主義的重大原則，論證社會主義的合理性。將大批判的矛頭指向資本主義制度。

第三階段，是十九世紀初期的空想社會主義學說，代表人物是法國的聖西門、傅立葉和英國的歐文。他們繼承了空想社會主義前輩對資本主義的批判精神和對未來社會發展原理的探索成果，把空想社會主義學說推進到最高階段。

2. 演變中的社會主義思潮

十七世紀以來，資本主義確立統治之後，生產力得到極大提高，同時也造成了嚴重的社會問題和貧富懸殊的悲慘狀況。人們認為資本主義仍然不是理想的社會制度，於是再次興起對於社會主義的研究，十九世紀三〇至四〇年代，「社會主義」在西歐廣為流傳，很多思想家、社會活動家著書立說，宣傳社會主義理想，探討實現社會主義的現實可能性。

整個社會的資源財富由全體人民共同擁有、共同生產、共同享有、共同富裕，是對社會主義最通俗的解釋。

社會主義思潮經過幾百年的複雜演變，在全球已枝繁葉茂，百家千派。純正血統的社會主義應該是什麼樣，並無定論，亦無法定論。

影響和規模較大的有無政府主義、民粹派社會主義、費邊社會主義、社會民主主義、基爾特社會主義、革命的工團主義、整體社會主義等。

（二）中國最早的原始共產主義思想

中國人早就構思過共產主義性質的美好社會，就是兩千多年前，在儒家經典著作《禮記》中提出的「世界大同」的社會理想。

《禮記》是戰國至秦漢年間儒家學者解釋說明經書《儀禮》的文章選集，是一部儒家思想的資料彙編。《禮記》的作者不止一人，寫作時間也有先有後，其中多數篇章是孔子的七十二弟子及其學生們的作品，還兼收先秦其他典籍。

《禮記》的內容主要是記載和論述先秦的禮制、禮意，解釋儀禮，記錄孔子和弟子等的問答，記述修身做人的準則。這部九萬字左右的著作內容廣博，門類雜多，涉及政治、法律、道德、哲學、歷史、祭祀、文藝、日常生活、曆法、地理等諸多方面，幾乎包羅萬象，集中體現了先秦儒家的政治、哲學和倫理思想，是研究先秦社會的重要資料。

《禮記》的一些篇章具有相當的文學價值。有的用短小的生動故事闡明某一道理，有的氣勢磅礴結構嚴謹，有的言簡意賅意味雋永，有的擅長心理描寫和刻畫，書中還收有大量富有哲理的格言警句，精闢而深刻。

其中描述大同世界的美好：「大道之行也，天下為公，選賢與能，講信修睦。故人不獨親其親，不獨子其子，使老有所終，壯有所用，幼有所長，矜、寡、孤、獨、廢疾者皆有所養，男有分，女有歸。貨惡其棄於地也，不必藏於己；力惡其不出於身也，不必為己。是故謀閉而不興，盜竊亂賊而不作，故外戶而不閉，是謂大同。」

「世界大同」是儒家的社會理想，上面這段話的意思包括六個方面：全民公有的社會制度；選賢用能的管理體制；人人為公的社會道德；誠信和睦的人際關係；各盡其力的勞動態度；人得其所的社會保障。

中國儒家「世界大同」思想，從社會發展的根本制度，到保障社會穩定發展的管理體制，再到各盡所能各得其所的社會架構，比空想社會主義的虛幻更加先進，具有社會主義基本特徵，所以它是世界歷史上最早的原始共產主義思想。

（三）馬克思恩格斯將社會主義從空想發展到科學

1. 馬克思恩格斯共同創立科學社會主義

馬克思恩格斯創造性地探討了社會主義，將社會主義從空想發展到了科學。馬克思和恩格斯共同提出：以馬克思主義唯物史觀和剩餘價值學說為理論基礎，從社會發展規律角度說明社會主義代替資本主義的必然性，馬克思恩格斯認為：社會主義是在資本主義社會和共產主義社會之間的過渡性社會，而且社會主義需要有發達的資本主義作為基礎才能實現。

社會主義思想理論中最著名的有過國家執政實踐的有三種：馬克思恩格斯共同創立的科學社會主義、民主社會主義和國家社會主義。前兩種思想理論對世界的影響最深遠，第三種在德國興起，主張利用國家權力改良社會來實現社會主義，被希特勒實際上的納粹主義把名聲搞臭了。

科學社會主義和民主社會主義結合不同國家的具體國情，進行了深入實踐，取得了較好的社會效益。雖然後來也經歷了科學社會主義的失利和民主社會主義的倒退，但那是新制度代替舊制度過程中不可避免的挫折，也因此收穫了很多值得總結的經驗教訓，世界人民從中看到了共產主義的曙光。而其他社會主義的理論和實踐，基本上都未能解決資本主義造成的社會貧富懸殊的悲慘狀況。

2. 科學社會主義理論的傳播和實踐

資產階級占據統治地位後，加強了對世界各國人民的政治壓迫和經

濟剝削，從而產生了馬克思以暴力應對暴力的科學社會主義，領導了十八世紀中期的三大革命高潮。馬克思主義的科學社會主義理論，主張通過無產階級革命和無產階級專政推翻資本主義，建立以生產資料公有制為基礎的社會制度，解放和發展生產力，最終實現共同富裕的社會主義理論和運動。提出和實踐得最早，取得的成果最大，在全世界有著廣泛而深入的影響。

從馬克思恩格斯合著的劃時代文獻《共產黨宣言》出版，到列寧形成帝國主義的理論和社會主義可能首先在一國勝利的理論，指導了俄國的十月革命和中國的新民主主義革命，開始了科學社會主義理論的傳播和實踐。其間，馬克思、恩格斯、倍倍爾、李卜克內西、拉法格、盧森堡、普列漢諾夫、列寧等人發表過大量論述科學社會主義和總結社會主義運動的著作，尤其是總結一八四八年歐洲革命和一八七一年巴黎公社革命以及第一國際、第二國際、俄國一九〇五年革命實踐經驗的論著，使科學社會主義理論豐富多彩，既有正確的科學社會主義原則與各國國情結合的經驗，也有探索中出現的社會主義僵化發展的教訓。

二十世紀初，馬克思主義傳到中國，科學社會主義理論正好適應了中國半封建半殖民地的社會狀態，帝國主義封建主義兩座大山，人民生活在水深火熱，戊戌變法與義和團運動連遭失敗，舊民主主義革命走向低潮。科學社會主義理論給中國的中下層民眾送來了先進的思想武器，得到了廣泛的傳播。

二、社會矛盾尖銳，資本主義失去發展機遇

（一）激烈對抗的階級矛盾

當世界資本主義發展到了爭奪殖民地和勢力範圍之時，世界資本主

義制度進入了完善時期，展現出較強的生命力。

中國的封建制度日趨腐朽沒落，面對帝國主義列強的強勢進逼節節退讓，中國陷入了半殖民地半封建的深淵。人民在封建統治者和帝國主義的雙重壓迫下不堪重負，於是爆發了推翻封建清廷的武昌起義。

武昌起義之後一個多月，全國二十五個省有十五個省宣布獨立，以不同的政治理念和不同的旗幟將中國劃分為一個個獨立王國，代表封建制度的清王朝崩潰。用一句話來概括就是：「一個皇帝倒下去，千百個土皇帝拱起來。」

有武裝反抗清政府的革命黨人：如雲南的唐繼堯和蔡鍔，在四川建立新軍的熊克武；也有偽裝革命的封建官僚：竊據大義的袁世凱，挑下幾片瓦就號稱革命的江蘇巡撫程德全等。

中華大地，有槍就是草頭王，有占幾個省的北洋軍閥，有占幾個縣的地方軍閥，還有占幾個鄉鎮的割據土豪，還有數不清的占山為王的土匪惡霸。比如四川就由無數個大大小小的軍閥頭子割據占領，互相混戰，割據稱王。瀘州是交通要地，更是軍閥爭奪的重點，川滇黔軍一家占領幾個月。四川的劉湘、楊森之流，就是從這時起，從連、排長起步，混亂中割據地方成為軍閥。

當時，中央的軍令政令，出不了幾個大城市，全國的中小城市都被大小軍閥瓜分。為了擴軍備戰，軍閥們在各自的領地拉丁入伍，自封軍長司令，建立陸海空軍，向人民徵收重稅，還強迫預徵田賦。

在四川省，梓桐的田賦在一九二六年預徵到一九五七年，溫鄆九縣的田賦在一九三一年預徵到一九六一年，田頌堯的二十九軍在一九三五年竟已預徵田賦到一九七八年，鄧錫侯的二十八軍在一九三五年已預徵田賦到一九九一年。更匪夷所思的是，湖南省慈利縣一九三一年的田賦已預徵到二一一七年。

人民衣食無著，連草鞋都穿不起，赤貧者全家僅有一條褲子，大姑

娘無法出門見人。中下層民眾和封建軍閥地主的矛盾非常尖銳，人民無法生活下去，全國各地的大小統治者也無力統治下去，各地人民群眾的革命和起義此起彼伏，中國社會到處布滿乾柴，一場熊熊大火就要燒起來了。

（二）民族矛盾尖銳，災難一觸即發

中國和各個帝國主義國家的民族矛盾也由來已久，清朝垮臺後，帝國主義列強反而加快了爭奪和控制中國的過程，各地軍閥為加強分裂割據而尋求帝國主義的支持，更加重了中國的半殖民地半封建的社會狀態。

袁世凱為尋求日本支持稱帝，接受了日本滅亡中國的「二十一條」，使得民族危機空前嚴重，災難一觸即發。

各個帝國主義國家趁機侵入，在各大中城市設租界，駐軍隊，販運鴉片毒品，傾銷各種洋貨、洋油、洋布，連鐵釘都要進口，擠垮了中國的民族手工業，這就是半殖民地半封建社會的悲慘狀況。

一九二六年下半年，北伐的廣東國民革命軍在長江流域取得輝煌戰果，英帝國主義在中國的勢力受到沉重打擊。英國政府利用其商輪在中國內河胡作非為，尋釁肇事，以浪沉中國木船，淹死中國人民為兒戲。短短三個月時間，撞沉中國民船四艘，淹死四十餘人。

楊森當時就任吳佩孚委任的四川省省長一職，對此事感到奇恥大辱，採納了朱德、陳毅的意見，派兵扣留了英國太古公司「萬通」「萬縣」兩輪並向全國通電，得到重慶等地共產黨地方組織和各地群眾的支持。

英國拒絕懲辦肇事兇手和賠償損失，並以武力威脅。三艘英艦進迫萬縣江岸，強行劫奪被扣輪船，開槍打死守船士兵。楊森部隊被迫回擊，英艦竟然開炮轟擊萬縣人口稠密的繁華市區近三個小時，發射炮彈

和燃燒彈三百餘發，中國軍民死傷數以千計，民房商店被毀千餘家，造成了「萬縣慘案」。

朱德、陳毅推動召開了萬縣各界萬人抗英大會，通電全國。共產黨人聯合國民黨左派人士發動和組織群眾，掀起了抗英高潮。

中共中央發出《告民眾書》，號召全國各地立即開展反英運動。列舉了英國帝國主義在萬縣犯下的罪行，號召全國民眾團結起來，用自己的力量，使用一切方法對付英國帝國主義，剷除英國帝國主義在中國各地的經濟命脈，同時一致擁護北伐軍的勝利。

上海、北京、武漢等重要城市，也紛紛組織成立萬縣慘案後援會、國民雪恥會，發表通電、宣言，舉行示威遊行，罷工、罷課，抗議英帝國主義對萬縣人民的大屠殺，聲援萬縣人民的反帝鬥爭。

民族矛盾激化，更加重了中國人民的災難。

（三）資本主義失去發展機遇

中國始終沒有形成政治上成熟的資產階級。中國近代民族資產階級太軟弱，難以承擔資產階級民主革命的領導責任，不論與封建勢力鬥還是與帝國主義鬥，都以失敗而告終。

歷史上，中國有過兩次資產階級憲政實踐。戊戌變法僅僅一〇三天就被鎮壓下去了，連積極推行憲政的小皇帝光緒都被軟禁到了瀛臺，倡導憲政的譚嗣同等六君子則被推上了斷頭臺。辛亥革命成果被袁世凱竊取，而後就是軍閥混戰。

為什麼會失敗呢？這是由於資產階級力量太小也太軟弱，無法承擔領導資產階級民主革命的責任。在封建勢力面前，中國的資產階級不行；在帝國主義面前，中國的資產階級更不行！這就是為什麼中國的資產階級革命屢遭挫折的根本原因。

到了民國時期，中國的大資產階級和民族資產階級已經興起，與封

建勢力連繫密切又有矛盾。他們也有自己的武裝力量，希望在政治上奪取國家權力，但是資產階級處於人民大眾和封建勢力的夾縫之中，不得不尋求帝國主義支持。這樣就形成了中國資產階級反封不徹底和不敢反帝的政治特徵，對外掠奪更是無從談起。

中國的資產階級沒有經濟力量，也缺乏政治力量來建立強大的資產階級國家。而各國帝國主義勢力已經非常強大，他們擁有政治經濟上的干涉力量，在中國取得了經濟特權，帝國主義掠奪和剝削的本性絕對不會允許中國資產階級獨立建國，進而發展強大起來。

所以，中國資產階級已經失去發展機遇，中國只能在半殖民地半封建深淵中越陷越深，不可能成為強大的資產階級國家。

三、中國共產黨制定最高綱領和最低綱領

（一）從十三個代表五十多名黨員開始

面對帝國主義列強瓜分中國的危機，中國面臨亡國滅種的困境。當馬克思主義傳播之後，一部分先進的知識分子意識到：只有社會主義才能救中國。他們開始向中國民眾宣傳和介紹馬克思主義，形成了北京、上海兩個中心，然後擴展到廣州、長沙、武漢等地。

一九二一年七月，全國的五十多名黨員派出了十三名代表，在共產國際代表馬林的資助和參與下，在上海召開了中共一大。

西方的政黨政治，從中華民國初期開始引入中國，當時的中國面對民族存亡的危機，政黨社團如同雨後春筍蓬勃興起。

一九一二年是民國元年，國內成立了社會黨、共和黨、自由黨、統一黨、平民黨、中華共和憲政會、中華進步黨、中華民黨、公民急進黨、大同民黨、統一共和黨、進步黨等上百個政黨，之後建立的政治黨

派更是多如牛毛。

　　為什麼它們都沒有發展起來？這是因為這些如同雨後春筍般湧現的政黨和勢力，都是從統治階級狹隘的利益出發，不顧中國當時迫切需要解決的階級矛盾和民族矛盾，不顧當時民眾救亡圖存的迫切要求。從成立之時起，這些黨派就沒有考慮國家前途和民眾需要，而是指手畫腳分庭抗禮，拉大旗搶山頭。他們當然不可能得到民眾的擁護，只能成為歷史的過客。

　　只有中國共產黨不只代表了民眾的根本利益，還用先進的馬克思主義理論作為思想武器，樹立了社會主義到共產主義的遠大目標，用消滅剝削壓迫、工農當家做主作為奮鬥目標來發動群眾，順應了工農民眾改變自身處境的強烈願望，能夠從根本上解決中華民族面臨的社會發展問題。

　　所以中國共產黨就得到占中國人口大多數的工農民眾支持，找到共產黨這根小藤從萌芽到蓬勃成長的豐富營養，在先進知識分子和下層勞苦大眾之中得到了迅猛的發展，開始了小藤絞殺大樹的鬥爭。

（二）最高綱領與最低綱領

　　共產黨成立後，面臨的最重要的任務，就是將馬克思主義理論同中國的具體實踐相結合。

　　中共「一大」制定了最高綱領，主要內容是：規定黨的名稱為「中國共產黨」，黨的奮鬥目標是用無產階級的軍隊推翻資產階級的政權，實現共產主義。這個黨綱，把當時中國社會的性質看成是資本主義國家，而把中國革命的性質確定為無產階級社會主義革命。如果根據最高綱領來開展工作，必然寸步難行，把民族資產階級錯誤地看成革命對象，就會使本屬於革命盟友的民族資產階級倒向敵人，不但會嚴重削弱無產階級的力量，而且會令真正的敵人——帝國主義和封建軍閥，變得

更強大、更兇狠。

正是因為如此，為了讓馬克思主義理論同中國的具體實踐相結合，在最高綱領的指導之下，制定黨在民主革命時期的民主革命綱領，成為中國共產黨「一大」之後最迫切的要求。這是中共「二大」制定新民主主義革命時期「最低」綱領的主要原因。

中共「二大」為了執行共產國際的要求，與孫中山領導的國民黨合作，制定了民主革命時期的最低綱領：對應的社會性質是半殖民地半封建社會，革命性質是民主主義革命；革命任務是打倒軍閥，推翻國際帝國主義的壓迫，統一中國，建立真正的民主共和國；革命的對象是帝國主義和封建軍閥；革命方式以暴力為主；革命力量是工人階級、農民階級、小資產階級和民族資產階級。

兩個綱領缺一不可，最高綱領和最低綱領在理論上是相互連繫，有機統一的。最高綱領是我黨的崇高理想和最終奮鬥目標，是我們前進的總方向和總綱領。最低綱領是最高綱領在特定階段的實踐性目標，是具體的行動綱領。

最高綱領要通過若干個最低綱領的實施才能實現，沒有最高綱領，最低綱領將失去正確的方向；沒有最低綱領，最高綱領也無法變成現實。可以說，最高綱領是靈魂，起導向作用；最低綱領是基礎，起階梯作用，反映最高綱領的階段性要求，是實現最高綱領的基本手段和根本途徑。

當時孫中山領導的國民黨正在進行民主主義革命，基本符合共產黨的最低綱領，所以開始了第一次國共合作打擊舊軍閥的武裝鬥爭。

工人階級、農民階級、小資產階級和民族資產階級四個革命階級聯合起來，舉行了規模空前的大革命，基本上推翻了北洋軍閥的統治。這次合作是正確的，但是共產國際的領導人不明白，中國共產黨進行的是新民主主義革命，必須聯合國民黨左派打擊以蔣介石為代表的國民黨右

派，爭奪革命領導權。而共產國際領導人卻命令中共拱手讓權，導致革命失敗。

四、建立蘇維埃，社會主義國家制度萌芽

（一）「星火燎原」是對信念的泣血堅守

一九二七年大革命失敗後，國民黨統治集團殺害共產黨員和革命群眾達三十一萬之多，黨員人數由中共五大時的五點七萬人銳減到一萬人，工農運動走向低落，中國革命轉入低潮。中國共產黨遇到了前所未有的困難。

南昌起義失敗，秋收起義又失敗，共產黨人帶著殘兵敗將遁入深山老林，當起了「政治土匪」，前途蒼茫，路在何方？考驗著共產黨人的信念。

敢不敢堅持革命？怎樣堅持革命？這是中國共產黨人和革命群眾必須回答的兩個根本性問題。

面對林彪「紅旗能打多久」的疑慮，毛澤東寫出了《中國的紅色政權為什麼能夠存在？》《星星之火，可以燎原》等文章，現在重讀，仍然能夠充分感受到毛澤東的政治智慧和宏圖大略。

毛澤東分析了帝國主義和殖民地的矛盾以及中國各派反動統治者之間的矛盾，軍閥混戰促使賦稅加重，民不聊生，哀鴻遍野。全中國布滿了乾柴，很快就會燃起烈火。許多地方工人罷工、農民暴動、士兵嘩變、學生罷課的發展證實了這個「星星之火」距「燎原」的時期毫無疑義是不遠了。

毛澤東用生動貼切的比喻革命高潮是站在海岸遙望海中已經看得見桅杆尖頭的一隻航船，它是立於高山之巔遠看東方已見光芒四射、噴薄

欲出的一輪朝日，它是躁動於母腹中快要成熟的一個嬰兒。遠見卓識的話語，讓紅軍指戰員心中充滿了希望。

在中國的蒼茫大地上，半殖民地半封建的四分五裂，造就了全中國大小軍閥的野心和抱負，他們狗咬狗的戰爭不可避免。話音未落，蔣桂戰爭開打，中原大戰揭幕，國民黨右派狗咬狗，蔣介石下野，誰也顧不上共產黨在深山老林裡面開展的打土豪分田地的運動。等到蔣介石醒悟過來，紅軍已經從艱難築基走向了全國根據地大發展的軍事輝煌。

（二）十六字訣創出了紅色根據地的輝煌

中國工農紅軍創立初期，由於敵我力量對比懸殊，為適應當時的形勢，「敵進我退，敵駐我擾，敵疲我打，敵退我追」的「十六字訣」，成為紅軍游擊戰的基本原則。這個「十六字訣」，是誰最先提出來的？是由曾任中共江西省委書記、中共贛東北特委書記張世熙首先提出來的。

張世熙一九二七年六月任中共江西萬安縣委書記，領導萬安農民暴動成功，建立了縣工農政權，影響甚大。一九二八年六月，他作為江西黨代表之一，出席在蘇聯莫斯科召開的中共六大；應邀到列寧格勒參加共產國際大會。在共產國際大會上做了長篇報告，其中提到萬安暴動後「與敵人搏戰的策略是『堅壁清野，敵來我退，敵走我追，敵駐我擾，敵少我攻』」的游擊戰術。

一九二八年五月毛澤東總結中國工農紅軍游擊戰初期的作戰經驗，提出了「敵進我退，敵駐我擾，敵疲我打，敵退我追」十六字訣，形成了中國工農紅軍游擊戰的基本原則。

一九二九年四月，毛澤東為中共紅四軍前委起草《紅軍第四軍前委給中央的信》，其中寫到，紅軍三年來從鬥爭中所得的戰術，真是和古今中外的戰術都不同。用紅軍的戰術，群眾鬥爭的發動是一天一天擴大

的，任何強大的敵人是奈何紅軍不得的。紅軍的戰術就是游擊的戰術。概括來講就是「分兵以發動群眾，集中以應付敵人」；「敵進我退，敵駐我擾，敵疲我打，敵退我追」；「固定區域的割據。用波浪式的推進政策。強敵跟追，用盤旋式的打圈子政策」；「很短的時間，很好的方法，發動很大的群眾」。這種戰術正如打網，要隨時打開，又要隨時收攏。打開以爭取群眾，收攏以應付敵人。

游擊戰爭「十六字訣」，雖然是張世熙首先提出來的，但毛澤東、朱德等對總結概括和完善「十六字訣」都有不可磨滅的貢獻。「十六字訣」的提出和形成，是中國老一輩無產階級軍事家和廣大指戰員集體智慧的結晶，是紅軍豐富的軍事實踐活動的經驗總結。

弱小的紅軍依託紅色根據地的有利地形條件、氣候條件、情報條件，依靠農民群眾的大力支持和紅軍指戰員吃苦耐勞的大無畏犧牲精神，戰勝人數和裝備都處於優勢地位的國民黨軍的多次圍剿。

全國紅軍由數千人發展到三十萬人，全國根據地面積發展到了四十餘萬平方公里，創出了紅色根據地的輝煌。

（三）中華蘇維埃共和國的建立

中華蘇維埃共和國，是土地革命時期中國共產黨在中央革命根據地瑞金建立的中央政權機構，首都為江西瑞金。一九三一年十一月七日，中華蘇維埃第一次全國代表大會在瑞金隆重開幕。出席大會的有來自中央蘇區、閩西、贛東北、湘贛、湘鄂贛、瓊崖等蘇區的代表共六一〇人。越南、朝鮮的來賓也應邀出席大會。

毛澤東代表中共蘇區中央局向大會作《政治問題報告》。大會選舉產生了毛澤東、項英、張國燾、周恩來、朱德等六十三人組成的中央執行委員會，作為全國代表大會閉會期間的最高政權機關；設立中華蘇維埃中央革命軍事委員會，朱德任主席，王稼祥、彭德懷任副主席；宣告

了中華蘇維埃共和國臨時中央政府的成立，全國各地的紅色根據地從此有了統一的指揮機構。

「中華蘇維埃共和國」誕生了，受蘇聯的共產國際直接控制與指揮。新華出版社出版的《中蘇關係史綱》寫道：「莫斯科不顧外交受損堅決支持中共按照俄國革命的模式發動蘇維埃革命，從政治方針一直到具體政策檔的制定，從決定中共領導人到選派代表親臨上海，甚至直至蘇區，就近幫助工作和指導作戰，可以說是事無巨細，幾乎一包到底。」

中國紅色政權的組織形式近似於蘇聯蘇維埃政權，列寧、史達林認為蘇維埃的共和國是從資本主義到社會主義的過渡時期中，最適當的社會政治組織形式。但當時的中國國情顯然和蘇聯完全不同。

毛澤東當選為中華蘇維埃政府主席，項英、張國燾任副主席。「毛主席」之稱始於此時。同時，會議產生了中央政府的各部部長（時稱人民委員）。決定中華蘇維埃共和國臨時中央政府設在江西瑞金（改名「瑞京」）。於是，瑞金成為中華蘇維埃共和國的首都，成為全國蘇維埃運動的心臟和樞紐。

中央蘇維埃政府的建立是我黨建立人民政權的探索和嘗試。政權性質是無產階級領導的反帝反封建的新民主主義革命的人民民主專政；它宣布中華民族的完全自主與獨立，不承認帝國主義在華的一切政治經濟特權；它宣布建立一支強大的紅軍，武裝推翻國民黨反動派。大會還通過了《中華蘇維埃共和國憲法大綱》以及《中華蘇維埃共和國土地法》《中華蘇維埃共和國勞動法》，規定沒收地主階級土地，分配給貧農、中農。

中華蘇維埃共和國中央政府頒布了憲法，發行了貨幣，設計了國旗，同時將其所屬控制區域稱為「蘇區」。

所以，這是中國社會主義國家制度的萌芽。

因第五次反圍剿戰爭的失敗，中華蘇維埃共和國中央政府被迫於一九三四年十月撤離江西蘇區，經過萬里長征在沿途各省灑下了革命火種。

一九三五年十月，中華蘇維埃共和國轉移至陝北，首都由瑞金遷至陝西延安。瓦窯堡會議後改為「中華蘇維埃人民共和國」。隨著國內外形勢的發展，日本帝國主義侵略中國，民族矛盾大於階級矛盾，中國共產黨開始呼籲建立抗日民族統一戰線。

一九三七年九月，中華蘇維埃人民共和國最後一個政府機關「中央政府西北辦事處」變更為「中華民國陝甘寧邊區政府」，歷時六年的中華蘇維埃共和國取得豐碩成果，完成了它的歷史使命。

五、「左」傾路線錯誤到遵義會議轉折

（一）「左」傾路線的錯誤

蘇聯領導下的共產國際對推動和支持各國革命起了極大作用，但是由於蘇聯實行的「以黨代政」體制，史達林要求各國共產黨不顧本國國情，圍繞共產國際指揮棒轉，為了蘇聯的國家利益而奮戰，他的「左」傾錯誤直接影響中共留蘇學生，又傳播到中共黨內。

幼年時期的中國共產黨是共產國際的一個支部，在黨的政治路線上是不成熟的，黨的領導人不明白馬克思主義理論必須要同中國實際相結合，片面聽從共產國際的命令，多次為中國革命帶來慘重的損失。

一九三一年，共產國際代表米夫把從莫斯科回國的王明扶上了黨的總書記寶座，王明大力推行「左」傾暴動，黨在白區的組織被嚴重摧殘。王明為自身安全避往蘇聯，臨行時輕率地委託博古為中共中央「總負責」。

這個臨時委任的「總負責」，當時連中共中央委員都不是，資歷淺、鬥爭經驗少，為躲避國民黨特務和我黨叛徒的搜捕，他帶著同樣年輕的、共產國際派來送兩萬美元經費的交通員李德，逃到中央蘇區。

博古將李德稱為共產國際派來的身經百戰的軍事顧問，奪取了中央蘇區的領導權和紅軍的指揮權，打壓毛澤東、朱德。兩個不知天高地厚的年輕人，玩起了敗光中央蘇區雄厚家產的遊戲，在反國民黨軍的圍剿中，用四面出擊代替了行之有效的紅軍游擊戰術，與強大的敵人硬拼消耗，紅軍損失慘重。

面對生搬馬列主義教條的博古和狂妄自大、紙上談兵的李德，中國共產黨人再次陷入了困局：馬列主義應該怎樣和中國實際相結合？是跟著共產國際指揮棒轉，還是堅持實事求是？是教條重要還是山溝裡總結出的切合中國實際的軍事經驗重要？

湘江血戰的慘敗，通道會議改變紅軍前進方向，黎平會議進一步統一了思想，經過毛澤東、朱德、周恩來耐心細緻的討論和思考，中國共產黨人逐漸走出了迷茫，認識到馬列主義必須和中國實際相結合，然後才迎來了遵義會議的轉捩點。

（二）遵義會議轉捩點

一九三五年一月，中國共產黨在長征途中於貴州遵義召開了中央政治局擴大會議。這是中國共產黨和中國革命從失敗走向勝利的生死攸關的轉捩點。

當時黨內存在著兩種指導思想：一種是把馬克思主義教條化，把共產國際的指示和決定神聖化，一切聽從它的指揮，在十年內戰時期表現為「左」的機會主義錯誤，王明和博古是它的主要代表；另一種是把馬克思主義基本原理同中國革命實際相結合，形成融合中國國情的科學社會主義理論，堅持一切從中國實際出發，獨立自主，依靠中國人自己的

力量去奪取勝利，毛澤東同志是它的主要代表。這是兩種截然不同的指導思想。

遵義會議前，前者在中共中央占有優勢；遵義會議後，後者在中共中央取得了優勢地位。這個變化可以稱得上中國共產黨歷史上的轉捩點。

遵義會議確立了毛澤東的領導地位，從而使黨的思想路線發生重大轉折。遵義會議確立毛澤東的領導地位後，才實現了從照抄照搬的教條主義到馬列主義與中國革命具體實際相結合的實事求是思想路線的轉變。因此，遵義會議是決定中國革命前途命運的思想路線實現轉變的轉捩點。

遵義會議實現了中國共產黨從未形成成熟的領導集體到開始形成成熟的領導集體的偉大轉折。鄧小平指出，遵義會議以前，我黨沒有形成過一個成熟的黨中央，從陳獨秀、瞿秋白、向忠發、李立三到王明，都沒有形成有能力的中央。我黨的領導集體，是從遵義會議開始逐步形成的。

所以，從組織上看，遵義會議正是黨中央領導核心由「左」傾錯誤的領導轉變為以毛澤東為核心的黨中央正確領導的歷史轉捩點。

遵義會議是中國共產黨領導革命戰爭由失敗走向勝利的轉捩點。遵義會議批評了李德、博古造成重大損失的錯誤軍事指揮，並剝奪了他們的軍事指揮權，宣告了「左」傾冒險主義軍事路線的終結。同時充分肯定了毛澤東從戰爭實踐中總結出來的一系列作戰原則和軍事指揮，確立了毛澤東在紅軍戰爭中的領導地位。從此，紅軍在毛澤東的正確指揮下行軍作戰，走上勝利發展的道路。

遵義會議後，為了擺脫敵人的圍追堵截，保存革命的有生力量，毛澤東成功指揮紅軍進行大規模的機動靈活的運動戰——四渡赤水之戰。接著南渡烏江，佯攻貴陽，越過湘黔公路，急進雲南，巧渡金沙江，實

現渡江北上的戰略意圖。從此紅軍擺脫了數十萬敵軍的圍追堵截，取得了戰略轉移中具有決定意義的勝利。

這種大踏步前進，大範圍迂迴，機動靈活，聲東擊西，變被動為主動，爭取有利時機殲敵有生力量的戰法，充分體現了毛澤東運動戰戰略思想的正確性，也鞏固了毛澤東的軍事指揮地位。中國革命戰爭實現了由失敗走向勝利的偉大轉折。

遵義會議也是中國共產黨獨立自主地解決中國革命重大問題、由年幼走向成熟的歷史轉捩點。遵義會議之前，中國共產黨都要聽命於共產國際，幾乎使中國革命陷入絕境。遵義會議後，黨中央走出了迷茫，對共產國際的指示，一律從中國實際出發，正確的就執行、錯誤的就抵制，獨立自主地領導中國革命，是中國共產黨在政治上走向成熟的重要轉捩點。

第二節　八年抗戰期間的陝甘寧邊區政府

一、抗日民族統一戰線的建立和發展

（一）成熟的政治運作能力促成統一戰線

日本帝國主義的野蠻侵略，使中華民族處於生死存亡的危難關頭，民族矛盾上升為主要矛盾。中國共產黨以民族利益為重，推動第二次國共合作，促成了抗日民族統一戰線的建立。

一九三五年，中國共產黨發表了《八一宣言》，明確表示只要國民黨軍隊停止進攻蘇區，實行對日作戰，紅軍願意立刻與之攜手，共同救國。一九三五年十二月，中共中央在瓦窰堡召開政治局擴大會議。會議從理論和政策上正式確立了中國共產黨關於建立抗日民族統一戰線策略的總路線。

一九三六年十二月十二日，「西安事變」爆發，中國共產黨迅速確定了和平解決的方針，派周恩來、葉劍英等人赴西安談判，迫使蔣介石接受停止內戰、聯共抗日等六項條件。

一九三七年二月十日，中共中央又致電國民黨五屆三中全會，提出五項要求：停止內戰，集中國力，一致對外；保障言論、集會、結社之自由，釋放一切政治犯；召開各黨各派各界各軍的代表會議，集中全國人才，共同救國；迅速完成對日作戰之一切準備工作；改善人民生活。

電文指出，如果國民黨將上述五項要求定為國策，中國共產黨願意

作出四項保證，即實行停止武力推翻國民黨政府的方針；工農政府改名為中華民國特區政府，紅軍改名為國民革命軍；特區實行徹底民主制度；停止沒收地主土地的政策，堅決執行抗日統一戰線的共同綱領。

一九三七年二月至七月，中國共產黨代表周恩來、秦邦憲、葉劍英、林伯渠等與國民黨代表蔣介石、宋子文、顧祝同等，先後進行了多次關於國共兩黨合作抗日的談判。但因國民黨方面堅持取消共產黨組織上的獨立性，取消紅軍，取消革命根據地的主張，雙方沒有達成協議。

一九三七年七月七日，日本侵略軍向北平西南的盧溝橋發動進攻，製造了震驚中外的「七七事變」。

七月十五日，中共中央將《為公布國共合作宣言》送交蔣介石，提出發動全民族抗戰、實行民主政治和改善人民生活等三項基本要求，重申中共為實現國共合作的四項保證。十七日，中共代表周恩來等在盧山與蔣介石繼續談判。一九三七年八月十三日，日軍大舉進攻上海，揚言三個月滅亡中國。國民黨統治中心直接受到威脅。

一九三七年八月，中共中央在陝北洛川召開政治局擴大會議，通過了《抗日救國十大綱領》，提出了爭取抗戰勝利的全面抗戰路線。八月中旬，中共代表周恩來、朱德、葉劍英同蔣介石等就發表中共宣言和改編紅軍問題，在南京舉行第五次談判，蔣介石被迫同意將在陝北的中央紅軍改編為國民革命軍第八路軍。

一九三七年九月，在共產黨的催促下，國民黨中央通訊社發表了《中共中央為公布國共合作宣言》。蔣介石發表談話，實際上承認了共產黨的合法地位。至此，抗日民族統一戰線正式形成。

（二）既聯合又鬥爭，有理有利有節

抗日民族統一戰線形成之後，也存在著「左」的迷茫和右的干擾。黨內很多人忘不了與國民黨蔣介石的深仇大恨，不願意取下紅五星戴上

國民黨帽徽，不了解變化了的時勢，陷入了「左」傾的迷茫。而以王明為代表的教條主義者，盲從於共產國際的指示，主張一切服從統一戰線，一切聽從國民黨的指揮，也干擾著黨中央推動形成正確的抗日民族統一戰線。

為此，黨中央一方面對黨員和群眾做深入細緻的思想工作，幫助他們胸懷理想，走出迷茫；另一方面對王明的「左」傾機會主義進行了針鋒相對的堅決鬥爭，確立了既獨立又統一和既聯合又鬥爭的正確策略。

堅持獨立自主原則就是堅持無產階級領導權，保持自己在思想上、政治上、組織上的獨立性。同時必須對資產階級實行又聯合又鬥爭、以鬥爭求團結的政策。所謂聯合，就是同資產階級建立統一戰線；所謂鬥爭，就是在思想上、政治上、組織上進行「和平」的不流血的鬥爭，以鬥爭求團結；還要敢於同大資產階級進行堅決的武裝鬥爭，同時繼續爭取民族資產階級的同情或中立。

國民黨是執政黨，它從沒放棄限制共產黨以達到消滅之的目的，八年抗戰中掀起了三次反共高潮。如果共產黨事事都忍氣吞聲，逆來順受，就是向國民黨全面投降；若是不分主次輕重予以打擊，則可能導致抗日民族統一戰線破裂，有損全民族抗戰大局。

為此，中國共產黨制定了抗日民族統一戰線的策略總方針，發展進步勢力，爭取中間勢力，孤立頑固勢力。對頑固派既聯合又鬥爭，採取了有理、有利、有節的鬥爭原則。儘管蔣介石政府在八年抗戰中搞了不少摩擦，但找不到理由發動全面內戰，找不到理由退出抗日民族統一戰線，從而保障了抗日戰爭的勝利。

二、順應時勢的陝甘寧邊區政府

（一）三三制民主政權

隨著國共合作抗日局面的形成，中華蘇維埃人民共和國西北辦事處更名為中華民國陝甘寧邊區政府，歸入國民政府之下，之後八路軍、新四軍都成為國民政府旗下的抗日部隊。

為了與抗日民族統一戰線政權的性質相適應，邊區政府建立了三三制民主政權。在政權機關人員的配備上，共產黨員占三分之一，代表無產階級和貧農；非黨的左派進步分子占三分之一，代表小資產階級；中間分子及其他分子占三分之一，代表中等資產階級和開明紳士。

共產黨根據地從工農民主專政的政權變為一切贊成抗日又贊成民主的革命階級（包括資產階級和開明紳士）的聯合政權。表面上是倒退，實質是在前進，因為聯合了主張抗日的力量共同抗日。

三三制政權改變了以往根據地政權中排斥地主資本家及非中共人士的錯誤做法，保障一切願意抗日的階級、階層及各界人士的民主權利，從而使根據地的抗日民主政權不致成為僅僅是工農小資產階級的政權，而是成為一切贊成抗日又贊成民主的人們的政權，成為幾個革命階級聯合的民主專政。

民主選舉是三三制政權產生的基本方式。一九三七年九月陝甘寧邊區政府成立，民主選舉隨即在全邊區啟動，它取消了資本主義選舉制度中有關財產、教育、性別等方面的限制，「凡滿十八歲的贊成抗日和民主的中國人，不分階級、民族、男女、信仰、黨派、文化程度，均有選舉權和被選舉權」。毛澤東將這種制度稱為「真正普遍平等的選舉制」。

三三制政權緩解了根據地內緊張的階級關係，加強了各階層人民的團結，調動了各方面的抗日積極性，有利於奪取抗戰的最後勝利，這是

社會主義制度的政治萌芽在抗戰形勢下的新探索。

（二）減租減息政策

減租減息政策是中國共產黨在抗日根據地實行的，減輕農民所受地租和高利貸剝削，而不改變地主土地所有制的土地政策。

早在一九二六年七月北伐戰爭期間，中國共產黨就提出減輕田租百分之二十五，借貸利率不得超過二分。九月，在共產黨推動下，中國國民黨做出了「減輕佃農田租百分之二十五」，「最高利率年利不得超過百分之二十」的規定，減租減息遂成為國民黨和共產黨的一致主張。減租減息緩和了農民和地主的階級矛盾，取得了北伐戰爭的勝利。

土地革命戰爭期間，中華蘇維埃政府規定了沒收地主土地分配給貧農、中農的政策。抗日戰爭爆發後，為了聯合地主、資產階級共同抗日，陝甘寧邊區政府將土地政策由沒收地主土地分給農民改為地主減租減息，農民交租交息，變化了的經濟政策服從了政治大局，這是馬克思主義的原則性與中國社會推動全民抗戰靈活性的有機結合。

為建立和鞏固抗日民族統一戰線，共產黨根據地的抗日民主政權規定：在未實行土改的地區，允許地主出租土地，但須按照戰前的原租額降低百分之二十五；承認戰前的借貸關係，但年利率一般不得超過一分半，如付息已超過原本一倍，停利還本，如付息已超過原本兩倍，本利停付。

一九四二年一月，中國共產黨更進一步地制定了抗戰時期土地政策的三項基本原則。一、減租減息，提高農民抗日與生產的積極性；二、交租交息，聯合地主一致抗日；三、獎勵富農發展生產。

一九四五年八月抗日戰爭勝利至一九四六年五月全面內戰爆發以前，中國共產黨在解放區繼續實行減租減息政策。

（三）精兵簡政與大生產運動

日軍占領武漢後，逐步將主要軍事力量轉向中國共產黨領導的抗日根據地。國民黨頑固派也不斷掀起反共高潮，加緊封鎖與破壞抗日根據地。抗日根據地日漸縮小，物資供應極端困難。

一九四一年十一月黨外人士李鼎銘等十一人在陝甘寧邊區二屆一次參議會上提出有關財政問題的提案，建議政府應徹底計劃經濟，實行精兵簡政，避免入不敷出經濟紊亂之現象，還提出了五項具體實施辦法。

毛澤東看到李鼎銘等的提案後非常重視，加了批語：這個辦法很好，恰恰是改造我們的機關主義、官僚主義、形式主義的對症藥。

一九四二年九月七日，延安《解放日報》發表毛澤東起草的《一個極其重要的政策》的社論，闡明中共中央實行的精兵簡政政策，是根本解決龐大機構與戰爭情況的矛盾，粉碎日軍燒光、殺光、搶光「三光」政策、最後戰勝敵人的重要辦法。社論指出，精兵簡政必須達到精簡、統一、效能、節約和反對官僚主義五個專案。在中共中央領導下，陝甘寧邊區首先實行精兵簡政，並先後進行三次精簡，取得很大成效。隨後，各根據地普遍實行精兵簡政。其間，李鼎銘擔任了陝甘寧邊區政府副主席。

由於日本侵略軍的瘋狂進攻和「掃蕩」，以及國民黨頑固派的軍事包圍和經濟封鎖，中國共產黨領導的抗日民主根據地的財政經濟發生了極為嚴重的困難。為了戰勝困難，堅持抗日戰爭，一九四二年底，中共中央提出了「發展經濟，保障供給」的方針，號召解放區軍民自力更生，克服困難，開展大生產運動。

解放區軍民開展了南泥灣、槐樹莊、大風川等地的屯田大生產運動。王震率領三五九旅開赴南泥灣實行軍墾屯田。經過三年奮戰，在極端困難的情況下，他們發揚自力更生、奮發圖強的精神，把南泥灣變成

了「陝北江南」，成為大生產運動的模範。大生產運動生產了大量糧食蔬菜，減輕了民眾的負擔。陝甘寧邊區和敵後抗日根據地大生產運動健康發展，成就顯著，基本實現了經濟自給自足。

三、為了「持久戰」打好「游擊戰」

（一）毛澤東與《論持久戰》

抗戰全面爆發後，在國民黨內出現了「速勝論」和「亡國論」。在共產黨內，也有一些人寄望於國民黨正規軍的抗戰，輕視游擊戰爭。抗戰十個月的實踐證明「亡國論」「速勝論」是完全錯誤的。抗日戰爭的發展前途究竟如何？成了人們關注的問題。

一九三八年五月，毛澤東寫的《論持久戰》初步總結了全國抗戰的經驗，批駁了當時盛行的種種錯誤觀點，系統闡明了黨的抗日持久戰方針。

在這篇著作中，毛澤東分析了中日兩國的社會形態、雙方戰爭的性質、戰爭要素的強弱狀況、國際社會的支持與否，指出抗日戰爭是持久戰，最後的勝利屬於中國。他還科學地預見到抗日戰爭必將經過戰略防禦、戰略相持、戰略反攻三個階段。他強調「兵民是勝利之本」，抗戰勝利的唯一正確道路是實行人民戰爭。

《論持久戰》闡述了保存自己與消滅敵人的關係：只有先保存發展自己，壯大自己的力量，才能更好地消滅敵人，在條件合適時多消滅敵人，就能更好地保存和發展自己。

《論持久戰》指明了抗戰的前途，提出了正確的路線，闡述了在我方弱於敵人時或環境不利於我方時應採取持久戰的策略，只要採取此策略則必勝。在此情況下要杜絕投降論和速勝論，因為在敵強於我時這兩

種論調不現實，必然導致客觀失敗。

《論持久戰》最突出的地方在於，它是在抗日戰爭初期寫成並發表的，對抗日戰爭做了論述，將抗日戰爭分為三個階段：第一個階段，是敵之戰略進攻、我之戰略防禦的時期；第二個階段，是敵之戰略保守、我之準備反攻的時期；第三個階段，是我之戰略反攻、敵之戰略退卻的時期。現在重讀《論持久戰》，與抗日戰爭的歷史完全對應，足見毛澤東的軍事才華非同尋常。

在這部光輝著作中，毛澤東運用辯證唯物主義的立場、觀點和方法，對戰爭的根本問題作了精闢的論述，制定了指導抗日戰爭的正確路線、方針、政策和人民戰爭的戰略戰術，證明了其無比的正確性。它可用於指導反侵略的現代局部戰爭，並經得起實踐的檢驗。不僅在國內成為指導抗日戰爭的、科學的軍事理論，而且在世界軍事學術史上也有極高的學術價值。

例如，美國前國務卿基辛格就十分佩服毛澤東的《論持久戰》。他在《核子武器與外交政策》一書中寫道：關於毛澤東軍事思想的最好闡述，不見諸蘇聯的著作，而見諸中國的著作。

《論持久戰》是一部偉大的馬列主義的經典軍事理論著作，被譽為世界十大軍事名著之一。

（二）游擊中壯大方能消滅敵人

當前出現的一些聲音，有意無意地輕視乃至貶低中國共產黨及其領導的八路軍、新四軍等人民武裝在抗戰中的重要作用，這是嚴重背離歷史實際的。

一九三一年「九一八事變」發生後，中國共產黨就發表宣言，堅決主張抗日；一九三五年，中國共產黨發表「八一宣言」，號召停止內戰，一致抗日；一九三六年「西安事變」爆發的危急關頭，中國共產黨

又以民族大義為重，有力地推動第二次國共合作……中國共產黨從發表宣言，堅決抗日，到正式宣告北上抗日，再到聯合一切抗日力量，全力推動建立起抗日民族統一戰線，前後經過數年時間，做出了很多努力和重大讓步，這都充分顯示了中國共產黨堅決抗日的決心。

這些歷史事實充分證明，雖然蔣介石是中國抗日戰爭名義上的領導人，中國共產黨才是抗日民族統一戰線的最早發動者和重要的組織者，是抗日民族統一戰線政治上的中流砥柱和軍事上的重要力量。

有人以「共產黨軍隊抗戰前不到十萬，抗戰後近百萬」為證據，說中國共產黨在根據地「只發展不抗日」。這種觀點存在偏見，打仗就是彼消我長的過程，八路軍新四軍到敵人後方去，在敵後不抗日怎能發展？

八路軍新四軍就是從日偽軍的占領地域中，硬「擠」出一片又一片根據地。八路軍從陝西到山西，又從山西發展到山東，再到河北、河南；新四軍從江西到安徽，再從安徽發展到江南江北，開展游擊戰不斷打擊敵人，積小勝為大勝，在力量壯大後，又尋機以一定規模的殲滅戰重創日軍，只要有日本侵略軍的地方，就有中共領導的武裝力量在戰鬥。

敵後抗戰經歷了「從敵強我弱，到我強敵弱」的過程。每個根據地的建立都經過與日偽軍的反復爭奪，還要時刻預防「友軍」襲擊，「皖南事變」九千多新四軍無辜犧牲令人痛心。共產黨領導的人民武裝付出巨大犧牲，消滅大量日偽軍，有力支援了國民黨軍隊的正面戰場，換來了抗日戰爭的偉大勝利。

中國共產黨在抗日戰爭的中流砥柱作用，體現在整個抗戰過程中，共產黨人有著始終不變的抗戰決心和立場。

事實上，兩黨都是抗戰的功臣。弱小的大國想要打敗強盛的小國，唯一的艱難道路就是以空間換時間，持久抗戰。試想，三四十萬國軍英

勇將士，尚且擋不住十多萬裝備精良的日軍在上海的進攻；三萬缺彈少槍的八路軍，若和日軍正面硬抗，恐怕不到一個月就會全軍覆滅，以後還怎麼打下去呢？

本錢少有本錢少的打法，那就是廣泛發動群眾參與的人民戰爭——「游擊戰」，十六字訣同樣可以拖垮日軍。抗戰初期，八路軍人數較少，效果還不明顯，但是八路軍並沒有「只游不擊」，而是消滅了很多日偽軍。不然的話，人是從哪裡來的？槍是從哪裡來的？地盤是從哪裡來的？通過游擊戰人數越打越多，戰鬥力越打越強，就可以打百團大戰了。

在山西、河南、山東、江蘇、浙江各省，敵後抗日根據地越來越大，逐漸連成片，八路軍、新四軍發展到一百多萬人。

國民黨軍隊在數量上的確大大多於共產黨的八路軍和新四軍，是正面戰場的主力，大部分在積極抗戰，其中川軍貢獻很大。

國民黨軍戰略戰術也有個調整的過程：「淞滬抗戰」得不償失；「南京保衛戰」主力撤退以致民眾被大量屠殺；「長沙大火」驚惶失措自亂陣腳；到「三戰長沙」就知道應該學習八路軍避實就虛的游擊戰術了。但是由於國民黨是一個鬆散的政治團體，在堅持抗日付出重大犧牲的同時，也有部分國民黨軍積極反共消極抗戰，還出了大漢奸汪精衛，帶領幾十萬人叛變投敵當了「偽軍」。

所以說，抗戰勝利，國共兩黨都是出過力的。

二〇一五年六月二十四日，中國人民抗日戰爭暨世界反法西斯戰爭勝利七十周年閱兵領導小組辦公室副主任、總參作戰部副部長曲睿表示，國民黨軍隊在抗日戰爭中發揮了重要的作用，此次閱兵安排了部分國民黨老兵受閱。

國民黨抗戰老兵李熹宗在接受新華社記者採訪時說：「這是最高的獎賞，我聽到後非常感動、激動。」

對於國家宣布將向抗戰老戰士、老同志、抗戰將領或其遺屬頒發「中國人民抗日戰爭勝利七十周年」紀念章，老兵們紛紛表示迫不及待想看到紀念章真容。李熹宗手捧紀念章說：「這是永遠的榮譽，會是我們家的傳家寶。」

第三節　三年解放戰爭的巨大轉折

一、抗戰勝利之後中國的兩個前途

（一）毛澤東提出《兩個中國之命運》

毛澤東在中共「七大」發表了著名的演講，即「七大」的開幕詞：《兩個中國之命運》。毛澤東面對當時抗戰即將勝利，蔣介石拋出的《中國之命運》的布局，準確地預見了中國面臨的兩個命運。

毛澤東分析，在中國人民面前擺著兩條路，光明的路和黑暗的路。有兩種中國之命運，光明的中國之命運和黑暗的中國之命運。現在日本帝國主義還沒有被打敗。即使把日本帝國主義打敗了，也還是有這樣兩個前途。或者是一個獨立、自由、民主、統一、富強的中國，就是說，光明的中國，中國人民得到解放的新中國；或者是另一個中國，半殖民地半封建的、分裂的、貧弱的中國，就是說，一個老中國。一個新中國還是一個老中國，兩個前途，仍然存在於中國人民的面前，存在於中國共產黨的面前，存在於我們這次代表大會的面前。

毛澤東在《兩個中國之命運》的報告中說，要建設一個有光明前途的新中國，需要一個正確的政策，這個政策的基本點，就是放手發動群眾，壯大人民的力量，在我黨領導之下，打敗侵略者，建設新中國。我們的黨和人民軍隊對此要有清醒的認識和充分的準備。

《兩個中國之命運》指出，中國共產黨已經是一個成熟的黨，有著百萬軍隊和上億支持我們的人民群眾，中國共產黨必須樹立充足的信

心，避免中國的黑暗命運，領導中國走向光明。中國走向光明的唯一正確道路是深入發動群眾，壯大人民力量，打倒阻礙中國進步的反動力量，建立一個人民當家做主的新民主主義的中國。

（二）毛澤東到重慶談判

抗戰勝利前夕，國共兩黨幾乎在同一時期召開全國代表大會。毛澤東在中共七大上作《論聯合政府》的報告，提出廢止國民黨一黨專政，建立民主的聯合政府。國民黨六全大會很快做出強烈反應，堅決拒絕中共建立聯合政府的建議。

中國民主同盟提出「民主統一，和平建國」的口號，第三黨負責人章伯鈞要求國民黨「立即結束黨治，實行民主」。和平、民主，成為戰後中國的關鍵字，蔣介石接過這些口號，邀請毛澤東去重慶。

如果共產黨不去，蔣介石就可以說共產黨拒絕和平談判，從而發起內戰，責任都在共產黨。

毛澤東去重慶談判，一方面希望可以實現和平、民主的建國目標，另一方面也是為了揭穿蔣介石的假和平的陰謀。在赴重慶談判前的政治局會議上，毛澤東說，坐監獄也不用怕。

一九四五年八月二十八日，毛澤東率領中國共產黨代表團從延安飛抵重慶。消息震撼重慶全城，雙方會談從第二天開始。

中共在這次和談中做了相當大的讓步。周恩來說，聯合政府既不能做到，所以此次談判要點的實質就是解放區政權和人民軍隊的整編問題，當時國軍四三〇萬，共軍一二〇萬，為三點五比一。

周恩來提出，關於軍隊數目，赫爾利大使擬議中央與中共軍隊之比例數為五分之一，我方願讓步至七分之一，即中央現有二六二個師，我方應編有四十三個師。國民黨僅允許中共軍隊增為十六個師。赫爾利當晚找到蔣介石，軟磨硬泡，終於迫使蔣介石把中共軍隊數量讓至二十個

師，即為蔣軍人數的十四比一。

蔣介石沒有扣押毛澤東，因為他不相信毛澤東可以成事。

經過四十三天的艱苦談判，國共雙方代表簽訂《雙十協定》。雙方協議「以和平、民主、團結、統一為基礎，長期合作，堅決避免內戰，建設獨立、自由和富強的新中國」。雙方還確定召開各黨派代表參加的政治協商會議，共商和平建國大計。

儘管重慶談判的政治鬧劇本質和它註定破產的歷史結局，幾乎毫無正面意義可言，但是，它公開提出的三條原則，即政治民主化、軍隊國家化、黨派平等合法化，是中國從一九一一年到一九四五年間政治教訓的真實總結。

一九四六年六月，蔣介石撕毀《雙十協定》，全面內戰爆發。

（三）翻身農民為土地而戰

《雙十協定》簽訂後，按照協定的規定，中共在各解放區的軍隊開始縮編，很多士兵回到家鄉拿起鋤頭開始生產。而國民黨軍卻調動大量軍隊搶占戰略要地，擠壓解放區邊緣地帶，時而挑起武裝摩擦。各解放區不得不預先做準備，重新招回復員的士兵投入軍事訓練。

抗日戰爭時期，解放區一直實行減租減息政策。抗戰勝利後，毛主席打算，如果沒有特殊阻礙，準備在戰後繼續實行下去，首先在全國範圍內實行減租減息，然後採取適當方法，有步驟地達到「耕者有其田」。其他中央領導也基本上贊成這個做法。但是，形勢的發展和變化，卻使這一初衷不得不發生變化。

一九四六年三月，晉冀魯豫中央局副書記薄一波和山東分局副書記黎玉先後向中共中央彙報，他們意外地發現，各根據地農民已經在直接或間接地採取措施，從地主手中取得土地。

耕者有其田，這是中國農民兩千多年來的熱望。終於在抗戰結束之

時實現，這個變化正是民心所向。中共中央決定召開一次由各個中央局、中央分局和解放區主要領導參加的工作會議，研究土地政策。

一九四六年五月四日，會議在延安召開，出席會議的有毛澤東、劉少奇、任弼時、林伯渠、徐特立等，還有晉冀魯豫中央局副書記薄一波，華中分局書記鄧子恢，山東分局副書記黎玉等。

在會議上，劉少奇拿出了歷時一個多月，由薄一波、鄧子恢、黎玉等參與討論，胡喬木執筆起草的《中共中央關於土地問題的指示》。

毛澤東說，國民黨不能解決土地問題，所以民不聊生。這方面正是我們的長處。現在有了解決的可能，這是我們一切工作的根本。林伯渠說，耕者有其田是我黨早已確定的目標，已經到了該實行的時候。

最終，這個文件順利獲得通過，因為會議日期是五月四日，所以被稱為「五四指示」。

「五四指示」發出一個多月，蔣介石便悍然撕毀停戰協議，國民黨軍隊向解放區發動全面進攻，新的全國內戰爆發，國內形勢隨即發生了重大變化。

一九四七年打敗國民黨軍隊重點進攻後，毛主席首次提出了用五年時間從根本上打倒蔣介石集團的軍事計畫。他認為，如果不堅持土地改革，勢必喪失了農民，喪失了戰爭。毛主席說，土地政策可以而且需要比「五四指示」更進一步，因為農民群眾要求更進一步。

一九四七年九月，在河北省平山縣西柏坡村召開了全國土地會議，劉少奇會同大會祕書處的工作人員，夜以繼日地趕寫《中國土地法大綱》，並兩次提交大會討論通過。《中國土地法大綱》決定：普遍實行徹底平分一切地主的土地及公地，按鄉村全部人口，不分男女老幼，統一平均分配，並分給地主同樣的一份。

「晴天霹靂一聲響，布棚下面創輝煌。打土豪，燒地契，喜笑顏開分田地。共產黨使咱翻了身，咱要報答共產黨的恩；去支前，去參戰，

人人爭到打蔣第一線。」全國土地會議後，這首民歌迅速在解放區流傳開來，形象地描繪了當年全國土地會議的情景以及土地會議後分到土地的農民的喜悅。

東北解放區比華北、華中等老解放區建立得要晚，但地域遼闊，土地面積大，因而在解放戰爭中，土地改革的意義尤其重大。

中共中央東北局於一九四七年十二月一日在東北解放區發布《告農民書》，指出：八一五解放後，共產黨八路軍幫助咱們翻身，肅清土匪，清算分地，挖財寶，分得土地、房屋、牛馬、農具及財物，定下了安家立業，發展生產的基礎，但是封建制度還打得不徹底，土地還分得不合理。這次要來一個徹底消滅封建，徹底平分土地。

《土地法大綱》無償地沒收了地主土地分給農民，使共產黨和國民黨之間絕無和解的可能，把戰爭的主要目標從保衛解放區轉移到在全國範圍內打倒地主和買辦階級，促使了大批國民黨軍向人民解放軍投誠，推動了中國內地的農民騷亂，鼓舞了國民黨後方都市中工人、學生、商人和職員的示威運動。

農民的口號響徹東北大地和長江南北。「解放軍打到哪裡，我們就支援到哪裡！」「前方需要什麼，我們就送什麼！」蔣家王朝在大陸生存的最後一個機會，就這樣在暴風驟雨般的土地改革之下化成了泡影。

周立波的孫女、學者周仰之說，東北的戰事是新中國成立的關鍵。但在開打之初，誰能夠占上風還真難說。國民黨軍武器裝備相當優良，共產黨最終的勝利主要贏在了民心士氣，解放軍可以在短時間內整團整師地擴軍，跟當時迅速又全面地開展土地改革有關。因為翻身農民為土地而戰。

二、三年解放戰爭的巨大逆轉

（一）國民黨腐敗民不聊生

國民黨的腐敗由來已久。抗戰勝利後，國民黨的「勝利接收」變成了「劫收」，使人民從「想中央，盼中央」，變成了「中央來了更遭殃」。接收人員飛入紙醉金迷的平津地區，如餓虎撲羊，貪贓枉法的程度簡直駭人聽聞。他們金錢到手，便窮奢極欲，大肆揮霍，這是抗戰勝利後國民黨政權喪失民心的起點。

國民黨官員把「接收」變成「劫收」的同時，也「劫」掉了民心。蔣介石在下野後，曾經對宋希濂說：「許多中上級軍官利用抗戰勝利後到各大城市接收的機會，大發橫財，做生意，買房產，貪女色，驕奢淫逸，腐敗墮落，弄得上下離心，軍無鬥志。這是我們軍事上失敗的根本所在。」蔣介石的這段話說明了抗戰後「接收」的失誤，是國民黨走向全面腐敗而最終失敗的重要原因。

由於軍官腐敗，克扣軍餉，國民黨士兵的生活極為淒慘。錢很少直接發給士兵，而是進了將軍們自己的腰包。當共產黨宣布要打過長江時，湯恩伯勒索上海商界捐款給他的部隊發餉。上海商界堅持由捐款人直接發給士兵，款捐出來了，餉也直接發到了士兵手中，一切順利。

幾天以後，上海商界捐款人到一個廟裡見到很熟悉的方丈，方丈表示出對上海未來的悲觀態度。捐款人問他為何如此？方丈說：「你怎麼這樣有信心？」捐款人說：「在市郊大約有三十萬軍人，我們剛湊錢親自給他們發了軍餉。」

方丈悄聲說：「情況並非如此。你知道我們這個寺廟很大，有六百多名和尚，前幾天所有的和尚均被逼迫穿上了軍服。當你發餉點士兵人頭時，都是和尚冒充不同的部隊領了幾次餉交給軍官，這裡是假士兵，其他地方肯定還有更多的虛假，所以，三十萬士兵在哪裡呢？」

軍官們面臨慘敗仍然瘋狂撈錢，國民黨行政機關的腐敗也非常嚴

重。有權的，一如既往濫發淫威搜刮民脂民膏，不顧人民只顧自己；有錢的，仍舊只懂得享受、投機、外逃。能貪一點兒是一點兒，不貪反而不正常。為什麼國民黨統治集團會如此腐敗？在專制獨裁的體制下，腐敗是必然會出現的現象。只要社會中存在著不受監督的特權，就會存在腐敗，絕對的權力導致絕對的腐敗！古今皆然。

國民黨的腐敗導致了物價飛漲，民不聊生。法幣的發行量由抗日戰爭勝利時的五萬億快速上升至一九四八年八月的六百零四萬億，造成了民間的惡性通貨膨脹。南京城裡最基本的生活物資，如稻米，暴漲五百倍之多！經濟秩序幾近崩潰。有的造紙廠乾脆以低面額的法幣作為造紙的原料，比用其他紙成本還低。陳立夫說，一個富有的人經過這場戰爭，他的財產貶值了幾百倍，這是替共產黨鋪路，國民黨已先替共產黨把人民都變成了無產階級。

（二）孟良崮戰役以少殲多的政治軍事啟示

外國軍事專家經常看著淮海戰役的戰果陷入迷惑，為什麼六十萬缺彈少槍農民組成的解放軍，居然能夠殲滅裝備了飛機坦克、訓練精良的八十萬國民黨軍？靠將帥？粟裕是個沒上過軍校的土軍事專家，國民黨將帥都是黃埔高材生而且有豐富的戰爭經驗。

是什麼因素造成了三年解放戰爭國共兩黨軍事上的驚天逆轉？在這裡，我們只需要分析孟良崮戰役，就可以得出結論。

一九四七年初，國民黨在山東戰場上集中了約二十四個整編師、六十個旅，約四十五萬人，實施重點進攻。陳毅決定撤出蒙陰，將七十四師養肥了再殺。

不料沒過幾天，七十四師單師突進，肥豬自己撞上門了。粟裕敏銳地抓住這個戰機，調動十多萬解放軍，將張靈甫的七十四師包圍在孟良崮，然後飛兵奇襲垛莊，將肥豬關進了縱橫幾公里的籠子。

國民黨七十四師是國軍五大主力之一，裝備精良，戰鬥力強。師長張靈甫是個軍事天才。他制訂了「全面合圍，中心開花」的作戰計畫，報經蔣介石批准，以七十四師三萬多人堅守孟良崮中心開花，吸引十五萬華東共軍來攻山，週邊三十萬國民黨軍展開大包圍，聚殲華東共軍。軍事上這是個絕妙的計畫，完全可以成功。但事實上卻失敗了，因為張靈甫不懂政治。

　　得知七十四師被圍，蔣介石一方面命令張靈甫堅守陣地，吸引共軍主力，另一方面嚴令孟良崮周圍的十個整編師內外夾擊，聚殲共軍。隔得最近的李天霞與張靈甫素有矛盾，他的整編八十三師只派出一個團的兵力。

　　而黃百韜的整編二十五師被黃崖山擋住，就和電影《南征北戰》裡面的情節一樣，國共兩支部隊同時登山，當解放軍登上山頂，國民黨軍離山頂僅有三十米，百十支槍一齊朝國民黨軍掃去。解放軍占領黃崖山主峰和附近的猛虎山、萬泉山等要點，儘管黃百韜隨後出動營、團級的集團衝鋒，但地形上的劣勢使他的一切努力都化作徒勞，七十四師得不到救援終被全殲。

　　七十四師被全殲的根本原因是國民黨政治腐敗帶來的軍隊山頭眾多，鉤心鬥角，救援不力而導致的軍事失敗。解放軍得勝的原因是翻身農民為土地而戰，當地民眾提供了大力支援。這也是三年解放戰爭期間，國共兩黨在軍事上發生驚天逆轉的根本原因。

　　張學良在晚年口述歷史中說出了國民黨失敗的真相：國民黨打不過共產黨的原因，就是沒有信仰。國民黨雖然一直高唱信仰三民主義，也採取各種方法向他的黨員灌輸，但信仰是從內心發出來的，屬於自己的，不是旁人給你加上的。共產黨與國民黨正好相反，共產黨有目的，相信共產主義，真心為人民，得到人民擁護，所以能夠成功。

　　張學良說，國民黨把大陸丟了，怎麼丟的？不是國民黨把大陸丟

了，是大陸人民不要國民黨啦。

按照張學良的分析，國民黨政府如同一座金字塔，因為「沒有信仰」使戰略金字塔在搭建之初就失去了重心，政治的腐朽和軍隊統帥的昏庸使黨心渙散、軍心動搖。最終，民心的喪失使金字塔失去了依託，這才是國民黨徹底失敗的主要原因。

（三）共產黨打天下的絕招

國共兩黨開戰之初兵力對比是四比一，共產黨最初沒想要爭奪天下，所以毛澤東甘冒奇險去重慶談判，是國民黨心歪身斜腳步亂，自己丟了天下，當然共產黨也有幾條打天下的絕招。

第一個絕招就是共產黨解放軍能夠集中優勢兵力，敢於大踏步地前進和大踏步地後退，不在乎一城一地的得失。而國民黨處處受到牽制，有優勢兵力，但是無法集中。國民黨越前進、占的地方越多，八百萬兵力就越分散，就像水灑進了沙土裡。

共產黨反攻，想打哪兒打哪兒。蔣介石又處於被動狀態，因為他的部隊在全國散開了，哪個城市都要守。比如粟裕避實就虛打開封，解放軍三個縱隊打一個師，一下就打下來了。

南京正在選總統，河南的代表們連夜跑到總統府下跪痛哭，蔣介石下令五大主力之一的邱清泉第五軍把開封收回來。邱清泉明明知道開封是一個空城，毫無價值，但是他得執行命令把開封收回來。然後國民黨登報紙「國軍收復開封」，其實粟裕繞到邱清泉的背後，又把區壽年兵團吃掉了。

第二個絕招就是善於化敵為我，改造俘虜兵。孟良崮戰役俘虜一萬多人，華東野戰軍各個縱隊都來搶俘虜，因為七十四師士兵素質特別好，是模範師，受過非常正規的訓練。陳毅總結了一條經驗，華東野戰軍為什麼迅速壯大，就是會用俘虜兵，後來的戰果大多是俘虜兵打出來的。

國民黨的俘虜兵憑什麼轉過頭就為共產黨賣命？因為共產黨有本事。先開會進行階級教育，國民黨兵大多數也是窮人，老戰士先上來訴苦啟發俘虜兵的階級覺悟，再講家鄉分田地形成現實感召。班裡不能歧視虐待俘虜兵，行軍時班長替他們扛槍，宿營的時候班長給燒洗腳水。與國民黨軍相比，俘虜兵倍受感動，很容易被改造過來，馬上就形成戰鬥力。

　　共產黨能改造俘虜，國民黨怎麼不行呢？孟良崮戰役之後蔣介石召開高級將領的軍事研討會，他說七十四師最大的失誤就是用了共產黨的俘虜兵。七十四師打漣水，俘虜解放軍三百多人，張靈甫讓共軍的俘虜兵當輜重隊守垛莊。孟良崮戰役開打，解放軍奪垛莊，共軍的俘虜兵立刻發生嘩變，掉轉炮口轟向孟良崮。

　　第三個絕招是共產黨能夠充分動員群眾支援戰爭。都說淮海戰役「六十萬吃掉八十萬」，但是賬不能這麼算。淮海戰役是共產黨以少勝多嗎？根本不是，而是我們以壓倒性的人數優勢戰勝了國民黨八十萬大軍。

　　淮海戰役先後動員的民工有五百餘萬人次。就是說，解放軍只有六十萬，然而每個解放軍士兵後面站著九個民工，國民黨的八十萬人還有優勢嗎？

　　第四個絕招是經濟戰爭。戰爭後期上海物價飛漲，物資短缺。之所以短缺，是因為一九四八年初共產黨基本控制東北、華北、江淮地區。這就意味著全國百分之一百的煤炭資源、百分之八十以上的小麥產區、百分之八十以上的棉花產區全被共產黨控制了。古董、文物可以輸向國民黨統治區，糧食、棉布不許輸出。煤油、紙張、藥品可以輸往解放區，奢侈品解放區都不要。

　　這樣一下就把國統區捏死了，這才是真正的「農村包圍城市」。根本沒有經濟基礎了，國民黨還不垮？

第五個絕招是情報戰爭。這個方面涉及的內容就多了，單說國民黨軍胡宗南部進占延安，毛澤東仍然留在陝北，表面很危險，其實很安全。因為胡宗南的機要祕書熊向暉，就是共產黨的情報人員。蔣介石有什麼舉措，他還在籌備之中，毛澤東就明白了；國民黨調動部隊，國軍的師旅長還不知道，毛澤東就先知道了，知彼到如此程度，還能不打勝仗嗎？

三、新民主主義到社會主義的發展

（一）中國共產黨新民主主義革命的理論

一九四三年五月，共產國際解散，中國共產黨以更加獨立的姿態，運用馬克思主義的理論來探討中國革命的實踐。毛澤東認真總結了中國革命的經驗教訓，提出了新民主主義理論。他認為，「五四」愛國運動的開展標誌著中國由舊民主主義革命轉變為新民主主義革命。中國革命的領導階級、性質、任務、前途和綱領都不同了。

由於資產階級的軟弱，不足以完成反帝反封建的民主革命，中國革命必須由無產階級領導，所以稱之為新民主主義革命。

既然新民主主義革命是無產階級領導的，是不是這個革命應該就是無產階級社會主義革命呢？不是，新民主主義革命是指無產階級領導的、人民大眾的，反對帝國主義、封建主義和官僚資本主義的革命，既然是反帝反封建，當然屬於民主革命範疇。

由於領導階級是無產階級，中國革命的性質不再是單純反封建的舊民主主義革命，而是反帝反封建的新民主主義革命。在抗日戰爭期間，毛澤東第一次正式提出了「新民主主義革命」這個科學概念，以此為基點，構築了新民主主義革命的理論框架。

毛澤東認為，新民主主義革命的任務，從客觀上來講，是為資本主義的發展掃清障礙，因此它的任務是反帝反封建。

新民主主義革命的前途並不是建立資本主義共和國，而是建立新民主主義社會。這一特殊性質的社會具有過渡性，它的目的不是發展資本主義，而是要過渡到社會主義。這樣，中國新民主主義革命的前途只能是社會主義社會。

毛澤東認為，在新民主主義革命階段，大地主大資產階級專政、資產階級民主共和的方案都是行不通的。同樣，現階段社會主義的條件也不具備，只能建立一個全國大多數人民為基礎的工人階級領導的統一戰線的國家制度，即新民主主義國家制度。並由此制定出新民主主義革命的政治、經濟和文化綱領。

政治上，推翻帝國主義和封建主義的壓迫，建立一個在無產階級領導下，聯合一切民主階級的統一戰線的政治制度。

經濟上，沒收帝國主義和官僚買辦大銀行、大工業、大商業，建立國有經濟；沒收地主的土地，實行耕者有其田；發展有利於國計民生的私人資本主義經濟和富農經濟。消滅舊的經濟制度，建立以國有經濟為龍頭的新民主主義經濟體制。

文化上，發展無產階級領導的，全國人民共同參與的，民族的、科學的、大眾的文化。

（二）新民主主義向社會主義的轉變

中國新民主主義革命勝利後，在中國形成的是新民主主義社會，還需要有一個從新民主主義向社會主義社會轉變的過程。

為了解決這個課題，以毛澤東為核心的黨中央首先對新中國成立初期的基本國情作了深入而系統的分析，提出了中國從新民主主義向社會主義轉變的科學理論，認為新民主主義社會是一個過渡性質的社會，中

國社會由新民主主義向社會主義轉變是歷史的必然。

這種必然性表現在三個方面：第一，新民主主義革命是社會主義革命的必要準備，社會主義革命是新民主主義革命的必然趨勢；第二，民主革命勝利後，工人階級同資產階級的矛盾上升為主要矛盾，必須通過社會主義革命來解決；第三，從國際環境看，資本主義發展的機遇已經過去了，中國必須走社會主義道路。

一九五二年，毛澤東開始考慮向社會主義過渡的方法和步驟問題。他認為，國家實現對農業、手工業和私營工商業的社會主義改造，從當時起大約需要三個五年計劃的時間，這是和逐步實現國家工業化同時進行的；在過渡的方式上，個體農業要用合作社和國有農場去代替，手工業要用現代工業去代替。對民族資產階級，可以採取贖買的辦法，過渡時期的目標是走向社會主義。

毛澤東召開中央政治局會議，比較系統地闡述了關於過渡時期總路線的總體構想，從中華人民共和國成立，到社會主義改造基本完成，這是一個過渡時期。黨在過渡時期的總路線和總任務，是要在十年到十五年或者更多一些時間內，基本上完成國家工業化和對農業、手工業、資本主義工商業的社會主義改造。

按照原來的設想，社會主義改造和國家工業化同步進行，大約需要三個五年計劃也就是十五年左右，也就是說到一九六七年完成改造任務。但從後來的實際情況看，這個時間表被大大地縮短了。

大規模進行社會主義改造的頭幾年，進展比較平緩。這時，毛澤東強調的重點一直是反對急躁冒進。但到了一九五五年夏季，毛澤東同中央農村工作部部長鄧子恢在農業合作化的速度問題上發生了嚴重的意見分歧，而毛澤東錯誤地判斷了這件事的性質。

一九五五年七月三十一日，毛澤東作《關於農業合作化問題》的報告，首先在農業改造方面掀起反對右傾保守主義之風，隨後又推廣到對

私營工商業改造和手工業改造方面。這就大大加快了改造的進程，全國各大中城市，全部實行了全行業的公私合營。

到一九五六年社會主義三大改造完成，社會主義制度基本建立，中國正式進入了社會主義初級階段。

第二章　中國社會主義制度的
創立時期

社會主義的難能可貴之處在於與資本主義的本質區別，資本主義承襲封建主義的掠奪剝削，社會主義用共同富裕打倒掠奪剝削。

　　社會主義發展的阻礙也來自封建意識。蘇聯解體證明，社會主義保留封建特權，拒絕人民監督，就不可能完善社會主義制度，也不可能實現差別不大的共同富裕。中國共產黨人依靠人民勇於探索，走上了中國特色的社會主義道路。

第一節　新中國成立初期社會主義制度在探索中成長

一、從「五四憲法」到「八二憲法」

（一）人民當家做主的「五四憲法」

新中國先後制定了四部社會主義性質的正式憲法，即：一九五四年憲法、一九七五年憲法、一九七八年憲法、一九八二年憲法。四部憲法，見證了新中國的歷史變遷。

一九四九年，新中國成立前夕，頒布《中國人民政治協商會議共同綱領》。一九五二年，史達林提出三條理由勸說新中國儘快制定正式的憲法，建議通過選舉和制憲解決自身合法性問題。

作為第一部憲法，一九五四年憲法經過一點五億人次的討論，收集了一百多萬條意見，奠定了新中國基本的政治制度和法律制度。

一九五四年九月二十日，中華人民共和國第一屆全國人民代表大會第一次會議通過了《中華人民共和國憲法》。以中華人民共和國成立前夕頒布的《中國人民政治協商會議共同綱領》為基礎制定的一九五四年憲法，除序言外，分總綱、國家機構、公民的基本權利和義務以及國旗、國徽、首都，共四章一〇六條。

序言部分簡介新中國成立歷史，中國共產黨的基本政策和基本國策，以及國家的基本性質與基本形式，闡明憲法的效力。總綱則明確規定國體，基本國策等。公民基本權利和義務則闡述公民的各項人身權利

和應盡義務。國家機構部分則規定以全國人民代表大會為最高權力機關同時作為立法機關。國務院對全國人大負責。中央軍事委員會獨立於行政部門，對全國人大負責。最高司法部門分最高人民法院和最高人民檢察院，由全國人大產生，分別對全國人大負責。最後一部分則規定了國家的基本標誌，即國旗、國歌、國徽等。

這部憲法以立法的形式固定了中國人民革命的成果和新中國成立五年來的新勝利，反映了中國廣大人民建設社會主義的共同願望。確認了工人階級的領導地位，確認了工農聯盟是國家的階級基礎，肯定了人民在這個國家中至高無上的主人地位，這在中國歷史上從來沒有過。

它首先把實現國家在過渡時期總任務的具體步驟，用法律的形式固定下來。序言指出，從中華人民共和國成立到社會主義社會建成，這是一個過渡時期。國家在過渡時期的總任務是逐步實現國家的社會主義工業化，逐步完成對農業、手工業和資本主義工商業的社會主義改造。同時詳細規定了建設社會主義的政治基礎、經濟基礎、過渡步驟、過渡形式以及完成過渡任務的領導力量等。

預計需要十五年的社會主義改造，到一九五六年提前完成。一九五七年發生反右運動，民主黨派退出監督，原憲法的眾多條文與形勢不合，需要制定新的憲法。

由於當時黨的領導層沒有意識到，適當的憲法對社會主義政治經濟以及社會發展的正確導向作用，出現了長達一二十年「有憲等於無憲」的時期。

（二）從「七五憲法」到「八二憲法」

二十世紀七〇年代中期，社會的政治經濟秩序已經遭到較大破壞，黨和人民都深切感受到了「無法無天」的痛苦，因而取得共識，迫切想要制定新的憲法。

一九七五年第四屆全國人民代表大會第一次會議通過了修改後的《中華人民共和國憲法》。該憲法帶有濃重的「文革」色彩，是對「文革」在「法律上」的總結。

　　一九七八年第五屆全國人大再度修憲。新憲法修正了一部分「文革」語調，恢復了被取消的檢察機關，但仍保留了「大鳴大放大字報」的說法，並繼續在國家機構中保留中國共產黨的黨務機關。

　　伴隨著共和國改革開放的春風，迎來了一九八二年憲法，這就是現行憲法。表面上看，這是對一九七八年憲法的修改，實際上是以一九五四年憲法為基礎，在黨中央的領導下，把黨的主張和人民的意見結合起來，重新制定的新憲法。

　　五屆人大五次會議制定的「八二憲法」，將國家性質由「無產階級專政」恢復為「人民民主專政」；將中國共產黨黨務機構分離出國家機構運作體系，實現了黨政分開；將知識分子與工人、農民並列為三支基本的社會力量；恢復設立國家主席；中央軍委主席改由全國人大選舉；國務院實行總理負責制；規定國家、全國人大、國務院領導人連續任職不得超過兩屆，取消了領導職務的終身制；新增「公民的人格尊嚴不受侵犯」的條文；承認國營、集體、個體三種經濟都不可缺少；申明國家保護個體經濟的合法權益等。

　　一九八八年，順應當時的改革形勢，第七屆全國人大修改憲法第十條和第十一條。允許私營經濟出現，並准許土地使用權轉讓。

　　一九九三年，鄧小平「南巡」後，為准許市場經濟體制發展，第八屆全國人大修改憲法總綱大部分條款和序言部分，以及地方人大代表選舉部分。正式確立了「社會主義市場經濟」體制，並將中國共產黨領導的多黨合作和政治協商制度寫入序言。

　　一九九九年第九屆全國人民代表大會第二次會議，將憲法部分條文再度修改，進一步提高了私有經濟地位，並廢止「反革命罪」。

二〇〇四年第十屆全國人民代表大會再度修改憲法。除將「三個代表」寫入憲法外，原條文中的「戒嚴狀態」更改為「緊急狀態」，授權國家主席根據全國人民代表大會的決定宣布緊急狀態。「國家尊重和保障人權」的說法也被寫入憲法。

　　新中國社會主義憲法幾十年的發展史，展示了隨著社會的變化和前進，人們對憲法的思考認識逐步提高深化的過程。

　　新中國成立初期，包括國家領導人在內的廣大人士，對憲法的重要性認識不足，僅將其當成權宜之計，認真制定的憲法未能落到實處。

　　之所以會有這種情況，首先是因為對憲法的宣傳不夠，人民缺乏民主意識，仍然期待「清官」為民做主；其次是社會習慣以人治代替法治，發展到後來的「左」傾錯誤。造成嚴重危害後，人們才意識到必須重視憲法，但仍然分不清直接「以黨治國」和在共產黨領導下「依法治國」的區別。

　　現在我們認識到：黨的正確領導需要監督機制，需要將公共權力裝進制度的籠子，所以必須實現在黨的領導下「依法治國」。

　　要想打通憲法走向法治的道路，必須要有三個條件：

　　第一，中國的國家形態必須扭轉，扭轉為黨領導下「依法治國」的國家形態；

　　第二，必須在確保黨行使執政權和政府行使行政權的同時，解決黨權的權力結構和國權的權力結構的交錯作用問題；

　　第三，必須在法律結構上做出技術性調整，達到司法體系的獨立性和整個法律體系的順暢運轉。

二、新中國成立初期的創業發展

（一）新中國成立初期的創業發展和錯誤教訓

今天的中國是過去中國的發展，沒有黨領導的新民主主義革命，就沒有新中國的成立；沒有新中國成立三十年的創業發展，也就沒有今天的現代化建設成就。

新中國成立後，地主階級土地所有制消滅了，土改任務基本完成，但農民的個體所有制經濟很不穩定。經過互助組、初級社和高級社三個步驟順利實現了農業的社會主義改造，生產力沒有遭到任何破壞，農業年年增產。

同時對工商業進行社會主義改造。剝奪反動腐朽的官僚資本，成為在社會主義工業體系中占主體地位的國有企業。採取利用、限制和改造相結合的政策，對民族資本主義工商業進行社會主義改造，用贖買政策轉變為社會主義公有制。

第一個五年計劃於一九五七年超額完成，工農業總產值增長百分之六十八，年均增長百分之十點九，國民收入增長百分之五十三。就在這年，中蘇對立加劇，蘇聯撤走全部援華專家。毛主席提出，我們不能一切照搬蘇聯，要摸索適合中國國情的社會主義建設方式。經過兩三年的思考，毛主席明確指出：建設社會主義，原來要求工業現代化、農業現代化、科學文化現代化現在要加上國防現代化。這就完整地提出經濟建設的宏偉目標——實現「四個現代化」。

由於缺乏社會主義建設的經驗，逐漸產生了盲目追求高速度的想法。使得中國走上了一條艱辛曲折的探索社會主義發展的道路。

一九五八年是中國歷史上極不平常的一年。社會主義建設總路線、「大躍進」和人民公社「三面紅旗」相繼出臺，成為黨在領導全國人民

進行全面社會主義建設時期提出的綱領性口號，舉國上下展開了一場轟轟烈烈的社會主義建設運動。

以片面強調高速度為標誌的總路線：「鼓足幹勁，力爭上游，多快好省地建設社會主義！」不顧條件大幹快上，雄心壯志人定勝天，造成了巨大資源浪費。

以瞎指揮、浮誇風等為標誌的「大躍進」：「人定勝天」，砍掉百年老樹熔化生鐵塊超英趕美。「人有多大膽，地有多大產」，全國到處放衛星，畝產十萬斤起步，百萬斤止不住，畝產只報幾萬斤都不好意思說。

以「一大二公」為標誌的人民公社化：種地不明確責任，為煉鐵誤了秋收，公社食堂一年口糧半年吃完，造成極度窮困的三年困難時期。

三大運動瞬間興起，迅速席捲整個中華大地。總路線、「大躍進」和人民公社通常被稱為「三面紅旗」，這是在經濟建設中違背客觀發展規律的嚴重失誤。

當時之所以會犯這樣的重大錯誤，有其主觀方面原因，更有客觀實際情況。

從主觀上講，由於新中國成立以來黨在領導各項工作中，取得恢復國民經濟、提前完成一五計畫等重大勝利，助長了驕傲自滿情緒，不像以前那樣謙虛謹慎。

對馬克思主義經典論斷中的理論觀點存在著教條式的理解，甚至存在著誤解和曲解，沒有充分認識到落後國家建設社會主義的特殊規律，急於在落後的社會生產力基礎上，建立「一大二公」的社會主義制度，結果適得其反。

在工作方法上主觀片面，沒有對某些地方上報的「大躍進」實例進行認真核實和調研，忽略「實事求是」。在思想作風方面，盛行個人崇拜，誇大主觀能動性和群眾創造力，憑藉行政強制指揮，最終忽視並違

背了經濟發展規律。

從客觀上講，由於新生的社會主義制度沒有現成的、成功的經驗可以借鑑，新中國剛剛成立時，黨提出「以蘇聯為借鑑」，但是別國任何一種制度模式都不可能完全適用於他國。國內外嚴峻形勢逼迫中國必須要自己探索本國的社會主義道路。

通過三年經濟調整改正錯誤，一九六五年國民總收入比一九五七年增長百分之五十三，出現了周總理引以為豪的「市場繁榮、物價穩定」的大好局面。十年動亂時期，經濟仍有一定增長，一九七六年與一九六六年相比，工農業總產值增長百分之七十九，年均增長百分之七；社會總產值增長百分之七十七，年均增長百分之六點八；國民收入總額增長百分之五十三，年均增長百分之五。

工業交通方面，依靠自己的力量完成很多大型工程。先後建起攀枝花鋼鐵基地、六盤水工業基地、酒泉和西昌航太中心等一大批鋼鐵、機器製造、能源、飛機、汽車、航太、電子工業基地。中國由「貧油國」躍居世界第八產油大國。

科學技術方面，成就更加突出。中國第一次核子試驗成功，第一枚導彈發射成功，第一顆氫彈爆炸成功，第一次地下核子試驗成功，第一顆人造地球衛星發射成功，第一艘核潛艇研製成功，第一台積體電路電腦研製成功，第一次回收發射的人造地球衛星成功，以及秈型雜交水稻試驗培育成功等。

總之，新中國成立三十年期間，雖然由於缺乏經驗，急於求成，犯了「左」傾冒進錯誤，仍然取得了經濟建設的巨大成就，充分顯示了社會主義制度的優越性。

（二）毛主席急切探索的社會主義模式

新中國成立後，毛澤東一直在努力尋找一條完美的社會主義道路。

他在給林彪的信中描繪了一幅理想的社會主義藍圖，他要求全國各行各業都要辦成亦工亦農、亦文亦武、批判資產階級的社會組織，逐步限制社會分工和商品生產，逐步限制按勞分配和物質利益。即全國建立共產主義大學校，實現以平均主義為指導，逐步消滅「三大差別」和商品經濟，建立從社會主義過渡到共產主義的理想社會。

毛澤東為了讓人民早日走上共同富裕的社會主義道路，在生產力還很不發達的情況下，決心在較短時間內，採用急切的方式，希望儘快實現社會主義。於是，在經濟上實行一系列過「左」的方針政策，農村取消自留地，批判包產到戶，認為這是割資本主義尾巴；工業批判自負盈虧，利潤掛帥；商業取締自由市場，打擊投機倒把；教育批判分數掛帥，白專道路。這就是急於求成的好心，而導致的「左」傾社會主義模式。

在「左」傾社會主義模式的指導下，政治上建立了無產階級專政下繼續革命的階級鬥爭理論，在實踐中階級鬥爭嚴重擴大化。全黨都在脫離實際爭取實現理想中的社會主義，不同的意見被視為右傾。

「大躍進」失敗後，糾正過一些具體的錯誤，但沒能放棄「左」傾社會主義模式，毛澤東將黨內的正常分歧視為路線鬥爭，陷入了黨變修、國變色的憂慮之中，最後錯誤地發動了無產階級「文化大革命」。

以下內容摘自《前奏：毛澤東1965年重上井岡山》，作者：馬社香，出版社：當代中國出版社。

二十世紀六〇年代，毛澤東對我國醫療衛生不為工農兵服務，只為少數人服務的幹部保健制度多次提出批評，聯想到井岡山紅軍醫院在建設根據地鬥爭中的作用。最初紅軍醫院設在井岡山茅坪，後來搬到小井，一直堅持免費為老百姓看病。那時候，藥比較少，一點兒阿司匹林都是寶貝。有藥，只要老百姓需要，首先為老百姓治病，其次才是戰士，然後是黨員，最後是黨的幹部。戰士們死不同意，要把藥留給幹部，相互謙讓，那種場面讓人流淚。現在，共產黨掌權了，怎麼能把老

百姓忘了，把工人、農民忘了，怎能把井岡山的傳統忘了？不能忘。

毛澤東生前曾向護士長吳旭君和自己的親屬都說過這樣的話：「我多次提出這個問題，他們接受不了，阻力很大。我的話他們可以不聽，這不是為我個人，是為將來這個國家、這個黨，將來改變不改變顏色、走不走社會主義道路的問題。我很擔心，這個班交給誰我能放心。我現在還活著呢，他們就這樣做！要是按照他們的做法，我以及許多先烈們畢生付出的精力就付諸東流了。」「我沒有私心，我想到中國的老百姓受苦受難，他們是想走社會主義道路的。」「建立新中國死了多少人？有誰認真想過？我是想過這個問題的。」

一九六五年的毛澤東，十分擔憂我們的政權模式缺少一種像井岡山時期士兵委員會那樣的「政治民主」機制，來監督從上到下的各級幹部，監督他們走社會主義道路。毛澤東認為，這個問題不解決，黨內可能不斷滋生特權階層和「走資本主義道路的當權派」，犧牲了千千萬萬革命先烈乃至幾代人的生死追求，將變相付諸東流。

從上面三段可以看出，毛澤東十分擔憂千千萬萬革命先烈鮮血白流，資本主義在中國復辟，所以他決心發動無產階級「文化大革命」，想要預防資本主義復辟。在已經建成社會主義的中國，是否存在資本主義復辟的危險呢？蘇聯解體走向資本主義的教訓充分證明，完全有可能！

毛澤東的擔憂是正確的。不僅在當時，就是現在甚至未來幾十年，只要社會主義國家制度還沒有完善，只要從上到下黨和政府的紀檢監督與從下到上社會主義的民主監督相結合而形成的社會主義社會的監督機制還沒有完全建立，資本主義復辟的可能性就會存在。

目的正確，怎樣預防？毛澤東選擇用「文化大革命」的方式來預防資本主義復辟。毛澤東的出發點是好的，但採取了錯誤的方式，這表明我黨對共產黨的執政規律還處於摸索和不成熟的階段。

第二節 蘇聯社會主義挫折的考驗

一、近現代各國社會主義的探索之路

（一）社會主義在理論上的探討與變化

1. 社會主義四大國際組織

第一國際，即國際工人聯合會，成立於一八六四年，以「科學社會主義」作為指導思想，馬克思算是創始人。一八七一年，第一國際法國支部領導了巴黎公社革命，很快遭到鎮壓而失敗，一八七六年國際工人聯合會宣布解散。

第二國際，即社會黨國際，一八八九年成立，恩格斯是創立人之一，主要成員來自英法德俄，政綱是社會民主主義。八小時工作制、三八節、五一節是政治遺產。一九一六年因為各為其主而解散。一九二〇年重建，一九五一年再建。

第三國際，即共產國際，一九一九年三月在列寧領導下成立，號召世界武裝革命，向各國輸出共產主義並起具體指導作用。一九四三年五月，蘇聯出於二戰的現實利益考量，為了得到美國的軍事援助，宣布解散共產國際。

第四國際，即第四共產國際，即世界社會主義革命黨。由流亡的托洛茨基率支持者組成，與共產國際爭奪正統。託派政策狂熱，無視現實，仇視所有政黨和國家。一九四〇年托洛茨基被暗殺，第四國際基本瓦解。

2. 民主社會主義思潮的興起和退步

民主社會主義主張在資本主義民主體制裡進行社會主義運動的政治意識形態。

馬克思恩格斯《資本論》第三卷提出，大規模投資銀行和股份制企業的出現改變了資本主義社會的結構，資本家不再擁有私人企業，只是擁有私人股份財產，這種分離是一場和平「革命」，使資本主義和平過渡到社會主義成為可能。

恩格斯設想，在人民代議機關把一切權力集中在自己手裡、只要取得大多數人民的支持就能夠按照憲法隨意辦事的國家裡，舊社會可能和平地長入新社會。

一八八九年，恩格斯參與創立了實行民主社會主義的「第二國際」，並領導了早期活動。由於資本主義各國的具體國情千差萬別，各國社會發展方向和中下層民眾要求隨時都有不同，無法進行統一的規劃和行動，「第二國際」逐漸從國際統一的民主社會主義組織演變成為鬆散的各國民主社會主義派別的連繫機構。恩格斯逝世後，到第一次世界大戰爆發，「第二國際」名存實亡。

一九五一年再建社會黨國際，各國民主社會主義的立場觀點逐漸有了很多退步，不再將馬克思主義作為唯一的指導思想。其基本主張是，保留資本主義的基本制度，是資本主義「病床邊的醫生」，不追求建立社會主義制度，也就不再是一個社會主義流派。欲將資本主義的優點與社會主義的優點結合起來，同時克服二者缺點，尋找一條介於資本主義與社會主義之間的「第三條道路」。

民主社會主義立場觀點退步的基本原因，是在它所處的資本主義國家中，生產力發展的積極因素，還能壓制住兩極分化的消極因素，資本主義制度在這些國家還有強大的生命力，民主社會主義不得不順從這種客觀發展的社會現狀。

3. 蘇聯社會主義模式引發的經驗教訓

從一九一七年蘇聯成為第一個社會主義國家到一九九一年東歐劇變，這是蘇聯社會主義模式占主導地位的時期。從蘇聯一國社會主義擴展到二十世紀六、七〇年代社會主義發展高潮中出現的，遍及歐、亞、拉美的十六個社會主義國家。這些國家基本上都是遵照蘇聯模式實現社會主義，這種模式體現出在新的社會主義制度下仍然頑強存在著封建專制思想，暴露出諸多弊病，我們要認真總結其經驗教訓。

蘇聯的經驗在於，一國或幾國的社會主義革命和建設是可以成功的。蘇聯發揮了社會主義的高效率，建立起強大的工業體系，依靠人民組織起強大軍隊，聯合世界各國的進步力量，打敗了德國控制歐洲進而將世界拖入法西斯專制深淵的企圖，迎來了二戰後和平發展的新時代。

蘇聯的教訓在於，缺乏社會主義發展經驗，認為在社會主義發展高潮到來後，帝國主義已經進入垂死階段，沒有看到資本主義制度推動生產力發展的頑強生命力。更沒有意識到建立社會主義制度後，仍然必須對封建專制思想和資產階級腐化自私思想進行堅決鬥爭。如果不能堅持黨的正確領導，不進行社會主義制度的改革完善，不建立完善人民民主監督機制，社會主義必然失敗。

4. 中國特色社會主義理論的發展

從中國改革開放開始，世界上有越來越多國家的共產主義、社會主義政黨，在一九九一年以來，切實汲取蘇聯解體、東歐劇變的經驗教訓，堅持社會主義不動搖，同時努力克服蘇聯社會主義模式的弊病，重新探索適應本國的社會主義新路，力求革新社會主義，使社會主義重現生機與活力。

中國將社會主義理想與中國的具體社會實際相結合，以經濟建設為中心，以黨的領導和改革開放為基本點，形成了中國特色社會主義理論體系。在這二、三十年時間裡，中國經濟總量躍居世界第二位，在國際

事務中發揮越來越大的作用。中國走上了社會主義發展的正確道路，這就是進行經濟改革、政治改革和社會全面改革，建立人民民主監督機制，完善社會主義制度，實現共同富裕。

（二）科學社會主義共產黨的發展概況

東歐劇變前，全世界科學社會主義共產黨總數達到一百八十多個，劇變之後降為一百二十來個。黨員總人數還有七百多萬（不包括中共），黨員人數過萬的共產黨有三十個，執政和參政的共產黨約二十五個。共產黨從地區分布看，亞洲二十九個，歐洲五十五個，美洲三十二個，非洲八個，大洋洲三個。

發達國家共產黨受東歐劇變的衝擊最為嚴重，力量損失很大。西歐地區現在還有二十一個共產黨，近百萬黨員。

原東歐國家現有共產黨約三十個，有一定影響的有俄羅斯共產黨（黨員約五十萬人），捷克和摩拉維亞共產黨（黨員約十四萬人），烏克蘭共產黨（黨員十一萬左右），主要大黨面臨深刻危機。如俄共近年來在中右翼勢力的夾擊下，社會支持率一再下跌，組織隊伍進一步萎縮，黨員老化明顯，在國家杜馬選舉中僅獲得百分之十二點九的選票，不再是杜馬中第一大黨，明顯被邊緣化。

日本共產黨現有黨員約四十萬，是目前日本所有政黨中組織最為嚴密的政治團體，基本形成覆蓋日本全國的組織網路，基層黨支部發展到二萬多個。日本共產黨在最近的東京都議會選舉中，獲得了一二七席中的十七個席位，躍居為在野第二大黨，超越原先第一大黨民主黨。在日本政治生活中影響增長很快。

在蘇聯巨變之後，越、朝、老、古共產黨面臨外部敵對勢力的嚴峻挑戰。國內要求改革的壓力也越來越大，四國在保持經濟發展與維護社會穩定過程中面臨的困難增多，分別進行了一些適合本國國情的探索和

改革。尤其是越南共產黨,在政治體制改革中開始試行真正的民主選舉,取得了較大進展。

發展中國家的科學社會主義共產黨繼續在困難中探索。一些政黨通過調整獲得新的發展。亞洲發展中國家共產黨數量較多,力量較強的首推印度共產黨,有黨員八十萬人。還有尼泊爾、敘利亞、黎巴嫩共產黨等。拉丁美洲國家共產黨影響不斷擴大,巴西共產黨通過合法鬥爭取得參政地位。

發展中國家多數共產黨都在重新認識科學社會主義基本原則,探討一些基本問題。主張從本國實際出發,走本國特色的發展道路,包括合法鬥爭方式,逐步積蓄力量,分階段實現自己的鬥爭目標。

(三)民主社會主義社會黨的發展概況

恩格斯於一八九五年逝世後,第二國際進入發展後期,西歐各國工人階級政黨內部左中右三派政治分歧日益明顯,右派和中派合流形成社會黨。社會黨適應資產階級取得了統治地位,不容易發動武裝鬥爭,具備民主傳統,只能走議會道路以適應資本主義國家的國情,希望參選取得執政權。一戰期間,西方大多數社會黨支持帝國主義戰爭,背叛了社會主義,致使自身形象受到污損而失去人民信任。

二戰以後社會黨進入了新的發展時期,西方許多社會黨進行重建或創建,社會黨國際也於一九五一年正式創立。發展中國家在爭取民族獨立和解放過程中,陸續產生一批新的社會黨。冷戰結束後,社會黨乘勢謀求新的擴展,借西方所推動的多黨制、民主化浪潮,在轉型國家推動一批前共產黨接受民主社會主義,演變成社會黨。

社會黨的角色演變大都經歷了從革命黨向議會黨再向執政黨的「三部曲」,都經歷了由弱到強的過程。主張民主社會主義的社會黨比較適應西歐、北歐的富裕國家比如瑞典、芬蘭、挪威、丹麥、冰島、德國等

國的國情，所以能夠在諸國的多黨議會制度中活動，並通過民主選舉而執政。

二十世紀三四〇年代，拉美也有極少數社會黨執政參政。二十世紀五六〇年代，社會黨迎來了發展高峰，西方社會黨大都上升為本國主流政黨，亞非拉多個國家也有一些社會黨發展成為本國的執政黨。

在資本主義制度仍然具有較強生命力的社會條件下，民主社會主義的思想理論和政治主張，與科學社會主義有很大的不同，與馬克思主義基本原理也逐漸分離。民主社會主義在現在的社會條件下，不主張改變資本主義私有制，不追求建立社會主義制度，從理論到實踐，已經不再屬於社會主義流派。

歐洲一些社會民主黨曾長期執政，從未試圖改變資本主義私有制，究其原因，眾說紛紜沒有結論。

在資產階級力量強大的國家發展起來的民主社會主義，來到封建落後的近代中國肯定無法發展，所以民主社會主義不適合中國國情。中國通過社會主義建設實現了國家的振興發展，絕不可能再走回頭路。

同時，從現實條件看，中國的歷史以及經濟、政治、社會等各方面的情況，也決定了我們要堅持中國特色社會主義。

發展社會主義是我們的共同目標。現在資本主義制度還有較強生命力，民主社會主義執政之後尚不能脫離這個基本國情過渡到社會主義。我們可以將民主社會主義政黨與資產階級政黨區分開來，將之作為可以爭取的反對帝國主義的同盟力量，兩大社會主義流派可以通過交流實現團結合作。

中國共產黨與世界多個國家的社會黨保持著良好關係，近年已有多國社會黨來訪，或互致問候。二〇〇九年五月，中國共產黨與社會黨國際在北京共同舉辦「可持續發展問題」研討會，在新安全觀、可持續發展、全球治理等方面達成了更多共識。

（四）其他社會主義流派的發展狀況

二戰後的民族獨立浪潮中，除部分國家走上蘇式社會主義的道路，還有相當數量的新獨立國家也宣布自己是某種特殊類型的「社會主義國家」，總共約有五十個，遍布世界五大洲，一片紅海洋。

以執政者或憲法自稱社會主義國家作為標準，世界上社會主義國家多得數不過來。印度是憲法明確規定的社會主義國家，印度的社會主義，由第一任總理尼赫魯提出。尼赫魯認為社會主義不一定要廢除私有制，但基礎工業部門和土地必須國有化。還有「斯里蘭卡民主社會主義共和國」。埃及、敘利亞、利比亞亦自稱社會主義國家。緬甸、巴基斯坦、印尼長期自稱社會主義，阿拉伯非君主制國家大多實行社會主義。

非洲主要有四大社會主義流派：阿拉伯社會主義、村社社會主義、民主社會主義和科學社會主義。非洲自稱科學社會主義的國家有剛果、安哥拉、莫三比克、衣索比亞、索馬里、幾內亞比索、維德角等國。這些國家都建立了無產階級政黨，並學蘇聯走社會主義道路，大動干戈搞國有化、計畫化、集權化、集體化。一九八九年到一九九一年，上述科學社會主義國家又紛紛擺脫蘇聯模式，放棄社會主義。拉丁美洲也有很多國家實行過社會主義。

非洲走自己特色社會主義道路的有塞內加爾和坦尚尼亞，塞內加爾是民主社會主義，而坦尚尼亞是烏賈馬社會主義，即以村社為基礎的社會主義。突尼斯實行的是憲政社會主義，致力於建立一個中產階級社會。

拉丁美洲也有很多國家實行過社會主義，如智利、尼加拉瓜、圭亞那等。

若考慮到「福利主義貫徹程度，社會主義政黨長期執政，社會民主主義思潮占據主流」等因素，還能夠標出更多的社會主義國家。

可以看出，二戰之後的七十年以來，全世界眾多國家實行的，都是與本國國情相結合的社會主義。實行過、宣布過或部分實行過社會主義的國家，占全世界所有國家的三分之二。社會主義觀念深入人心，一定會再掀起高潮。

社會主義經歷了從理論到實際、從一國實際到多國實際、從一國僵化到多國革新這樣不斷飛躍發展的歷史進程。社會主義的發展，打擊了封建主義和資本主義，極大地改變了世界的面貌，沖毀了部分舊社會，開創了一個新天地。

二、蘇聯社會主義挫折的原因

在社會主義陣營老大哥蘇聯那裡，社會主義思想在不同的時期會做出適應性變化，對社會主義欽定的闡述也是隨時變動的。

赫魯雪夫提出二十年內過渡到共產主義，其土豆加牛肉的「共產主義」，更是為大家所熟知。勃列日涅夫為了彌補與現實的落差，搬出列寧曾提過的「發達社會主義」，認為蘇聯已經到了發達社會主義比較完善、比較成熟的地步，簡稱為發達社會主義「建成論」。

安德羅波夫則對發達社會主義作修正，強調蘇聯還處在發達社會主義的起點，作為抵達共產主義前的過渡，這是一個漫長的階段，當前任務是必然發展到完善發達社會主義。契爾年科更保守地加深了對「起點論」的論述。最後，戈巴契夫放棄了「發達社會主義」，改用了「完善社會主義」。

不管他們用多麼美好的詞語來誇讚社會主義，也不管他們有多大的雄心壯志趕英超美，他們卻拒絕改革完善社會主義制度，拒絕人民群眾的民主監督，無論怎樣自圓其說，蘇聯還是走上了解體的道路。

推動蘇聯解體是從否定蘇聯歷史開始的。蘇聯解體後，面對俄羅斯

國力急劇下降的局面，怎樣看待蘇聯的歷史，成為整個社會無法回避的課題。普京有一句評價蘇聯解體的名言——誰不為蘇聯解體而惋惜，誰就沒有良心；誰想恢復過去的蘇聯，誰就沒有頭腦。

他還說，蘇聯解體是在潑水的時候，連同孩子一起倒掉了。面對過去的錯誤，普京只能表示惋惜和無奈。

我們重溫這段歷史，卻可以借鑑和警醒！蘇聯共產黨的整體腐敗和黨內利益集團的背叛是蘇聯解體的內因，帝國主義的和平演變是其外因，外因通過內因而起作用。

（一）列寧史達林的「無產階級專政」和「以黨治國」

馬克思說，到了社會主義社會，無產階級掌握了政權，但是還存在著階級、階級矛盾和階級鬥爭，階級鬥爭必然要導致無產階級專政。

列寧在《國家與革命》中指出，向前發展，即向共產主義發展，必須經過無產階級專政。十月革命誕生了世界第一個社會主義國家，「無產階級專政」本來可以成為經驗，現在卻成了教訓。

「無產階級專政」只能是在社會主義制度建立過程中實施。社會主義制度建立之後，共產黨擁有了整個國家，怎樣定義「無產階級」，如何靠其「專政」，都不好解釋清楚。

「人民民主專政」更能夠體現出社會主義國家的民主性質，更能夠順理成章地經過全面改革過渡到民主與法治的軌道上來。

史達林在社會主義制度建立之後的很長時間中，繼續實行「無產階級專政」，「專政」與「民主」是背離的，人民無法參與，失去民主法治監督，最終當然會發展到由史達林代表「無產階級」，來實行個人專制和「以黨治國」。這有違社會主義國家必須由人民當家做主的馬克思主義原則。

史達林時代存在兩大弊政：一是採用「以黨治國」體制，將全蘇聯的所有資源都歸於黨和政府所有，封建等級體制帶來權力財富化；二是優先發展重工業和集體農莊的經濟政策失敗，物資短缺，卻從上而下設立官員特供商店。這樣，缺乏監督的權力和經濟特權造就了高踞於人民頭上的封建等級官員階層，這就是史達林體制。

史達林體制「以黨治國」造就出腐敗官僚階層，他們是蛻化變質的新的資產階級分子，卻掌控「無產階級專政」對待人民。「無產階級專政」違背馬列初衷，成了蘇共腐敗官僚統治人民的工具。

（二）赫魯雪夫的改革

赫魯雪夫意識到這樣下去很危險，於是在教條主義盛行、思想僵化的背景下，揭開了蘇聯社會主義改革的序幕，取得一定成效。

赫魯雪夫批判史達林的個人崇拜，平反冤假錯案，打破對史達林的迷信，衝破教條主義的束縛，調動了人們的生產積極性。

赫魯雪夫對農業政策和管理體制進行改革，如大規模開墾荒地和種植玉米，緩解了國家糧食問題，為改善農業結構創造條件。

把工業管理權力下放到地方，擴大了加盟共和國的地方權力，調動了積極性，促進了地區經濟的綜合發展。赫魯雪夫時期，蘇聯工業總產值增長速度年均百分之十點三，超過所有發達資本主義國家。

蘇聯的改革促進了其他社會主義國家的改革，社會主義國家走向比較現實的世界政治立場，有利於社會主義的發展。

但是，改革理論沒有突破，只是對原有經濟體制的小修小補。改革措施大多頭痛醫頭，腳痛醫腳，缺乏全面和一貫的戰略方針。

赫魯雪夫作風急躁，獨斷專行，搞個人崇拜。聽不進別人的意見，甚至在聯合國大會上脫下皮鞋敲桌子，損壞了蘇共領導人的形象。他的改革觸動腐敗官員的利益，遭到官員階層的聯合抵制，當時中國也稱之

為修正主義加以批判，赫魯雪夫本人被腐敗官員階層施展陰謀趕下臺，改革失敗。

（三）勃列日涅夫的無為而治

勃列日涅夫是個平庸的領導人，順著腐敗官員階層的期待走，中斷了改革，號稱「無為而治」，史達林體制有所抬頭。

他選拔官員的標準很簡單，只要是曾在他的母校讀過書，或來自他工作過的地方的人，都有可能獲得提拔。勃列日涅夫對自己的子女異常「寬厚」，竟用公款為子女營造豪華別墅。他的女婿丘爾巴諾夫也青雲直上，短短十年，由一名低級軍官晉升為上將。

勃列日涅夫當政時期的蘇聯，國民經濟增長率長期保持兩位數，主要消費品卻長期短缺，糧食連年歉收。太空船可以到達月球和火星，汽車卻故障頻出且油耗驚人，電視機爆炸事件經常發生，很多人開玩笑說，蘇聯生產的電視機應當送給敵人。

腐敗官員「大有作為」，大口侵吞國有資產，買官賣官更加嚴重。十七年間，從腐敗官員階層發展到了盤根錯節的利益集團，後來執政的年邁領導契爾年科等人也無所作為，任其腐敗下去。

（四）戈巴契夫葬送蘇聯的改革

年輕的戈巴契夫上臺之後，面臨政治腐敗，經濟混亂，決意改革。由於積重難返，社會主義名存實亡，只能理順道路，走向資本主義。

他走得很順利，一是蘇共已經徹底失去了民眾的信任，社會動盪，民不聊生，民主運動興起；二是盤根錯節的蘇共官僚利益集團得到太多在社會主義社會見不得光的非法利益，早就想要轉成合法資產，於是就推動他解散蘇共走資本主義道路。

戈巴契夫還想保留蘇聯，他去掉國名中的「社會主義」，建立了

「蘇維埃主權共和國聯盟」，結果被下邊十五個加盟共和國的野心家發動政變架空，蘇聯就只有解體了。

習總書記表示，蘇聯為什麼會解體？蘇共為什麼會垮臺？一個重要原因就是理想信念動搖了。

《解放軍報》二〇一四年十二月十二日載：「縱觀歷史興亡、政權更替，原因千條萬條，但從來缺不了這一條——搞特殊、搞腐敗。蘇共亡黨，很重要的是黨員幹部中出現了一批脫離群眾、站在群眾頭上的特權者」。

一九九一年六月，美國一個社會問題調查機構，在莫斯科對掌握高層權力的蘇共要員做過一次調查，結果與人民意願的測試完全相反：只有大約百分之九點六的人明確支持改革前的社會主義模式；百分之十二點三的人擁護改革，並希望社會主義國家實現民主化；而百分之七十六點七的人認為應當實行資本主義。

我們總結出蘇聯社會主義挫折的原因：執政的蘇共黨內的官僚腐敗集團，口頭高喊先進性，聲稱加強黨的領導拒絕群眾監督，卻瞞天過海將國有資產化為私有，已經成了社會主義身體上的惡性腫瘤——癌症！他們不再具有共產黨人的理想和信念，為了將既得利益變成合法資產，不惜背叛社會主義，走向資本主義。

我們要牢記蘇聯亡黨亡國的教訓，共產黨內部的官僚腐敗群體已經不再是共產黨人，他們向國外轉移資產，時機一到就會走向資本主義。所以，中國在共產黨領導下清除腐敗的官僚腐敗分子，真正關係到中國共產黨和社會主義事業的生死存亡。

三、借鑑蘇聯教訓建設中國特色社會主義

（一）摒棄不顧本國實際、照抄照搬的教條主義

列寧在晚年終於明白了，在相對落後的俄國搞社會主義不能照抄照搬馬克思主義關於社會主義特徵的結論，不能忽略馬克思恩格斯講的實行社會主義需要社會生產力高度成熟這一重要前提。

所以，列寧逝世前闡述了在落後的俄國怎樣進行社會主義建設的一系列新的理論觀點，如關於發揮私人資本主義作用的觀點，關於發展國家資本主義的觀點，關於允許和鼓勵小農經濟發展的觀點等等，並據此制定了刺激蘇聯經濟發展的新經濟政策。

列寧逝世後，新經濟政策實施不久就被史達林廢除了。史達林按照馬克思恩格斯關於實行全社會的公有制、計劃經濟和按勞分配的設想進行社會主義建設，但在整體上忽略了俄國相對落後的生產力，逐步建立了僵化的高度集中的計劃經濟體制和高度集權的政治體制，形成了史達林模式。

在蘇聯社會主義建設中，史達林模式表現出既束縛生產力發展，又限制社會主義民主和法制，從而影響人們監督黨政官員和發揮積極性的嚴重弊端。正是這種具有嚴重弊端的體制，才使矛盾逐步積累、激化，導致史達林逝世後一系列歷史事件的發生，最終導致社會主義蘇聯的崩潰和解體。

東歐諸國在社會主義建設過程中，基本上是照抄照搬史達林模式，同樣形成了僵化的經濟政治體制，影響了生產力發展，最終造成社會主義在東歐的失敗。

中國在新中國成立初期搞社會主義建設，也在一定程度上按照馬克思、恩格斯的設想，照搬了蘇聯的做法，走了很長一段彎路。從社會主

義理論和實踐的角度看，從「走俄國人的路」到「走自己的路」是一個歷史性跨越。

第一條教訓引出第一條基本經驗，這就是必須搞清楚什麼是社會主義，什麼是適合本國的社會主義。鄧小平認為，解放生產力，發展生產力，消滅剝削，消除兩極分化，最終達到共同富裕，這就是社會主義的本質。

（二）避免忽視經濟發展的階級鬥爭擴大化

不顧本國生產力水準高低，一律按馬克思恩格斯講的高度成熟生產力的社會主義特徵的要求去建設高級社會主義，出現問題卻認為是階級敵人破壞。俄國比整個歐美各個資本主義國家的生產力都要落後，卻大搞集體農莊、重工業，忽視人民民主，導致社會主義受挫。

中國比俄國還落後，卻忽視生產力比較落後的實際情況，大建人民公社，超英趕美，以為有先進的生產關係，就可以把落後的生產力帶起來。堅持以階級鬥爭為綱，就能把生產力搞上去。

社會主義條件下，調動人民群眾積極性，一是給人以合理的物質利益，充分發揮利益激勵的作用；二是加強思想政治工作，提高人的素質和思想覺悟，發揮精神鼓勵的作用。如果長期忽略人們合理的物質利益需求，就會挫傷人們的積極性。

以前我們一直錯誤地認為，只要解決了私心，靈魂深處爆發革命，狠抓意識形態領域內的階級鬥爭，人民就有積極性了，工作就上去了。事實上，一切以階級鬥爭為綱的做法，都會挫傷了人民群眾的積極性，國民經濟到了瀕臨崩潰的邊緣，嚴重破壞了生產力。

第二條教訓引出了第二條基本經驗：應該怎樣建設本國的社會主義。鄧小平理論告訴我們，一切從本國生產力實際出發，走中國人自己的道路，建設有中國特色的社會主義。

社會主義道路沒有現成經驗，必須在摸索中前行。記得紅軍長征過草地時，周恩來駁斥張國燾的一段話：蔣介石人多走的是大路，但他壓迫人民，路會越走越窄；紅軍雖然人少，但走的是正道，得到人民擁護和支持，正道將會戰勝大路。現在重溫周恩來的話，我們堅信：社會主義正道將會越走越寬，最終走贏資本主義的大路。

第三節　從「摸著石頭過河」開始的社會主義初級階段

一、社會主義必須注重經濟發展

（一）「摸著石頭過河」就是「實事求是」

二十世紀八〇年代初，中國的國民經濟處於極端困難的境地。人民缺吃少穿，國民經濟蕭條，國際關係緊張，國家正處於破碎的邊緣。恢復和發展農業生產，解決人民的吃穿問題是當時全黨和全國人民面臨的最為緊迫的任務。因此，社會主義經濟體制的改革勢在必行。但對當時的中國而言，外不能一味照搬他國的改革模式，內又無先例可依，中國該何去何從？社會主義道路應該如何走下去？

時勢造英雄，在存亡危機之際，鄧小平同志站了出來，提出了「摸著石頭過河」。陳雲同志在一九八〇年十二月的中央工作會議上對「摸著石頭過河」做出了解釋。我們要改革，但是步子要穩。因為我們的改革問題複雜，不能要求過急。改革固然要靠一定的理論研究、經濟統計和經濟預測，更重要的還是要從試點著手，隨時總結經驗，也就是「要摸著石頭過河」。開始時步子要小，緩緩而行。這絕對不是不要改革，而是要使改革有利於調整，也有利於改革本身的成功。

由此看來，「摸著石頭過河」的主導意思就是在改革這條大船上必須謹慎，穩定地探索。可以說在當時危局下，改革是被迫的，因為沒有更多的時間、經驗給我們參考，也沒有強大的物質基礎給我們依靠。對

改革的未來我們並不能做出準確的把握，因此改革是謹慎的，循序漸進的。

鄧小平以超人的勇氣和魄力、膽識與智慧，用「摸著石頭過河」的務實型實踐，力排各種阻力，帶領中國從貧窮落後的計劃經濟時代駛入了建設小康社會的市場經濟時代。

在中國的經濟體制改革取得初步成績之後，鄧小平緊接著又創立了中國特色社會主義初級階段理論。鄧小平表示，社會主義是什麼，馬克思主義是什麼，過去我們並沒有完全搞清楚。

從實際出發，實事求是，才是真正的馬克思主義，搞社會主義沒有現成經驗，只有「摸著石頭過河」，社會主義道路遇到迷茫是暫時的，只要堅信共產主義，就一定可以揮除迷茫。

而在深化改革的今天，「摸論」還能適應現在的政治經濟發展嗎？答案是否定的。全面社會改革不能再「摸著石頭過河」，十七大報告明確指出，改革開放符合黨心民心、順應時代潮流，方向和道路是完全正確的，成效和功績不容否定，停頓和倒退沒有出路。

也就是說，三十年以來的探索、實踐，證明了改革開放的路線是正確的選擇，全面社會改革不可回避。而社會主義初級階段，也就相當於從一九五〇年到二〇五〇年，社會主義國家制度的確立和走向完善時期。

（二）發展經濟是社會主義的「硬指標」

新中國成立以後掀起了社會主義建設的高潮，建立起了門類齊全的現代工業體系。二十世紀六、七〇年代的「左」傾錯誤，「寧要社會主義的草，不要資本主義的苗」，使經濟發展受到一定的影響，既然社會主義比資本主義優越，就應該比資本主義發展得更快、更富裕、更公平。

所以，發展經濟是社會主義的「硬指標」，讓全國人民走上共同富裕的道路，是社會主義必須達到的「更硬的指標」！

　　新中國成立時，中國人均國民收入僅為四十四美元；而當時印度人均國民收入是六十二美元，亞洲人均國民收入是五十四美元。一九七八年，中國的國內生產總值為三六二四億元人民幣。人均國內生產總值在列入統計的一二六個國家與地區中排一〇四位，位於巴基斯坦和坦尚尼亞之後。農民還在為溫飽問題發愁。

　　十一屆三中全會以後，制定「八二憲法」，開始改革開放，引進外資，允許發展個體經濟，發揮私有觀念的積極作用，讓一部分人先富起來，迎來了三十年的經濟騰飛。到二〇一〇年，中國國民生產總值超過六萬億美元，超過日本躍居世界第二，糧食產量達到五點五億噸，鋼產量達到六點二億噸，主要的農產品和工業品產量居世界第一。高速公路總里程六萬公里居世界第二位。手機五點六億部占世界一半以上。新中國成立後六十年，中國生產力增長超過了以往千年的總和。

　　二十世紀八〇年代以前，自行車、縫紉機、手錶、收音機等傳統的「四大件」是城鄉家庭的最高追求；八〇年代以後，彩電、洗衣機、電冰箱、答錄機等新的「四大件」成為新的消費熱點；如今，家用電腦、汽車、住房等成為新的消費熱點。

　　二〇一四年，中國國民收入突破十萬億美元，居世界第二位，人均國民收入超過七千五百美元，全國已有北京、上海、天津等七個省市進入人均GDP「一萬美元俱樂部」。

　　對於中國的巨大變化，世界銀行專家評價道，中國只用了一代人的時間，取得了其他國家用了幾個世紀才能取得的成就。

　　中國共產黨十六大提出了全面建設小康社會的奮鬥目標，力爭在優化結構和提高效益的基礎上，到二〇二〇年國內生產總值比二〇〇〇年翻兩番。中國共產黨「十七大」提出，增強發展協調性，確保到二〇二

○年全面建成小康社會。

不能回避的是，為了經濟發展得更快一些，我們也付出了代價：一是環境污染的代價，二是貧富差距拉大的代價。但是我們是社會主義國家，我們的未來是共產主義，少數人富裕不是目的，必須協調好公平與效率的關係，達到社會全體成員的共同富裕。

二、共同富裕才是社會主義的優越性

（一）「部分勞動者先富起來」是共同富裕的前提

社會主義制度的優越性有千條萬條，但最根本的有兩條：一是在政治上能夠真正實現人民當家做主；二是在經濟上走全國人民共同富裕的道路。在這兩條中，更具根本性、決定性意義的是共同富裕。因為經濟基礎決定上層建築，人們的經濟地位決定其政治地位。在一個貧富差距過大、兩極分化嚴重的國度，能夠真正做到人民當家做主嗎？

鄧小平同志曾經明確指出，社會主義最大的優越性就是共同富裕，這是體現社會主義本質的內容。如果搞兩極分化，情況就不同了，民族矛盾、區域間矛盾、階級矛盾都會發展，相應地中央和地方的矛盾也會發展，就可能出亂子。這段話高瞻遠矚、一針見血，黨的十八大精神與其一脈相承。所以，我們要把發揮社會主義制度優越性的主要著力點，放在縮小貧富差距、推進共同富裕上。

世界任何社會都做不到絕對公平而能共同富裕，大家都貧窮的公平沒有任何意義。可行的辦法是：先注重效率推動部分人創造財富，有了財富再去調節收入、考慮公平，最終實現共同富裕。

「公平與效率」是人類經濟生活中的一對基本矛盾，讓部分人先富裕再帶動共同富裕的思想體現了公平與效率的辯證統一。社會主義講公

平，也要講效率。「消滅剝削，消除兩極分化，最終達到共同富裕」講的是公平。「解放生產力，發展生產力」講的是效率。

效率與公平是相互依存、辯證統一的，讓一部分人通過誠實勞動創造財富先富裕起來，才是實現共同富裕的基礎。

實現共同富裕是一個長期艱苦的過程，社會主義的基本分配制度是以按勞分配為主體，決定了中國實現共同富裕必然要經歷一個漫長的先富帶後富的過程，要在相當長的一個時期記憶體在一定程度的貧富差距。

在促進共同富裕的實踐中，必須在以下兩個問題上形成共識。

一是實現共同富裕必須堅持公有制為主體。共同富裕和公有制為主體是中國特色社會主義不可或缺的兩項根本原則。堅持公有制為主體是實現共同富裕的制度保障。馬克思主義基本原理告訴我們，所有制性質決定分配形式。不在所有制上堅持以公有制為主體，卻要在分配上堅持以按勞分配為主要分配形式是不可能的，勢必要造成兩極分化。

二是我黨允許和鼓勵一部分人先富起來，絕不是要讓我們的黨員幹部先富起來。如果在絕大多數人民群眾還沒富裕起來的時候，黨員幹部特別是領導幹部先富起來了，就是對人民的背叛。

經濟發展初始階段必然出現基尼係數上升。貧富差距不斷拉大，在發展中國家是普遍現象。待經濟發展至一定水準，貧富差距又開始減小，這又是發達國家的普遍情況。

放眼世界，只有經濟特別落後和經濟特別發達的國家的貧富差距才很小，大多數發展中國家都存在著嚴重的貧富差距問題。

中國是社會主義的發展中國家，經濟發展還沒有達到發達國家的經濟水準，因此貧富差距出現並擴大是正常的。只有當經濟繼續發展，經濟水準達到一個頂點後，貧富差距才會隨著經濟的發展而慢慢縮小。所以說，改革開放後經濟迅速發展導致中國出現嚴重的貧富差距，同時需

要中國的經濟繼續發展才能縮小，消除兩極分化，最終達到共同富裕。因此中國現階段貧富差距的存在和擴大是中國經濟發展必定會經歷的一個階段。

二○一五年五月二十七日北青網報導：中國千萬富豪人數超過百萬，廣東省約十三萬，北京超五萬，中國富豪移民海外的人數翻倍，被指為資金尋安全港。這說明中國經濟發展已經讓一部分人先富起來，達到既定目標。這些先富起來的群體，擔心極「左」回潮，所以帶財富移民國外。這不利於中國經濟繼續發展。

因此，在中國進行社會全面改革已經非常急迫，全面改革能夠完善根本制度避免極「左」回潮，制定穩定成熟的政治經濟法律制度讓富者放心，絕不會劫富濟貧讓富者窮，而是讓富者帶動窮者富，實現共同富裕。

（二）排除干擾，實現共同富裕

近年來，由於我們忽視馬克思主義中國化，導致了社會主義理想信念的缺失。因此，中國要實現共同富裕，就必須堅持既定國策：從經濟、政治和社會各方面進行全面改革，完善社會主義國家制度。要達到這個目標，必須排除各方的干擾。

在當今中國，無論是誰，都有要求社會實現的合理因素，也有單方面的過激思想。找到這些因素，給以符合情理的排解，消除矛盾，集中力量，就可以同心協力推動社會前進。

有的人宣稱他們信仰馬克思列寧主義毛澤東思想，主張公有制，宣揚平等，肯定「文革」，否定改革，擁護共產黨，擁護社會主義制度。但是對極「左」造成的災難視而不見。

有的人盲從和宣揚「普世價值」，推行私有化，崇尚自由，否定「文革」，肯定改革，主張走資本主義道路，反對一黨執政主張多黨

制。但是對共產黨領導的成就同樣視而不見。

　　但是特權階層當家做主不是為人民當家做主，也不能把官僚集團占有制理解為公有制，把按照權力大小分配理解為按勞分配。

　　在中國搞全盤西化，把西方的「自由」「民主」和單純市場經濟搬到中國，希望由此走上民主、自由、穩定、繁榮的道路，也是不符合中國實際國情的。

　　公平、公正與正義，是人民的共同的追求。各方之間並沒有本質性的對立矛盾，應該求同存異，聯合起來推動中國改革進程。

　　中國的秩序和進步要靠有良知、有社會責任感的中高層領導人維繫和推動，也要靠廣大人民群眾艱苦奮鬥和不懈努力。一個國家要穩定，必須要有多數人認同的價值觀以及體現維護這種價值觀的社會制度。

　　所以，各方應該多些心平氣和的對話，多些合作，達成共識。支持和配合中國中高層有良知和社會責任感的官員，打擊非法獲利的利益集團，遏止腐敗，才是各方工作的重點。先富起來的群體應多為社會作貢獻，共同推動中國走上適應國情的、實事求是的社會主義共同富裕道路。

　　走共同富裕之路，既是長遠任務，又是當前工作。要貫徹黨的十八大精神，走上共同富裕的道路，總的要求是要堅持社會主義基本經濟制度和分配制度，使改革發展成果更多更公平地惠及全體人民。

第三章　中國社會主義制度的
　　　發展和完善時期

中國共產黨在十六大報告中指出，發展社會主義民主政治，建設社會主義政治文明，是全面建設小康社會的重要目標。必須在堅持四項基本原則的前提下，繼續積極穩妥地推進政治體制改革，擴大社會主義民主，健全社會主義法制，建設社會主義法治國家，鞏固和發展民主團結、生動活潑、安定和諧的政治局面。這表明，全面改革很急迫，成熟了就要及時改革；全面改革很慎重，任重道遠不能揠苗助長。

第一節　為什麼要進行社會全面改革

一、解決發展過程中的問題需要改革

（一）經濟發展伴生的嚴重社會問題

改革的目的是要解決經濟發展中出現的問題，主要有：產業結構發展不平衡、不協調，不能持續發展的問題；貧富懸殊，收入分配差距拉大的問題；城鄉之間、地區之間發展不平衡的問題；以及自然資源緊缺、環境污染嚴重的問題；人民對「分配不公」的抱怨。這些問題都需要深化改革才能解決。

例如，產業結構發展不平衡、不協調，不能持續發展的問題，工業化前期由於技術水準低、勞動力資源和自然資源比較豐富的國家，其產業結構必然處於較低層次上。隨著技術進步和經濟發展，在工業化後期就會通過改革不合理的生產關係，以均衡化為目標優化多元產業結構，制定合理的產業政策，對產業結構進行調整，並在條件成熟的情況下，實現產業結構升級。

在工業化前期，發展資金緊缺，人們還來不及關注環境問題，伴隨著GDP的增長，環境污染的程度呈現上升的趨勢。在工業化中後期和產業結構高級化後，隨著GDP提高，人們的生活水準持續提高，難以忍受對環境的破壞。加之資金相對寬鬆，會重視減排治汙，加強這方面的改革力度，出臺相關法律法規並監督實施，環境污染程度會呈現下降

的趨勢。

工業化前期由於生產粗放，設備老舊，能源利用效率很差，長此以往，無力支撐進一步的經濟發展。必須通過改革，調整能源結構，提高能源效率，限制能源損耗大、污染重的行業發展。大力發展新興能源，通過改革發展能源消耗低、附加值率較高的法律、諮詢、金融、資訊服務等現代服務業。

經過三十多年的改革，剩下的都是難啃的硬骨頭，任何一項改革都要破解錯綜複雜的矛盾，可能觸動許多人的既得利益。但是，別無選擇，只能深化改革，攻堅克難。

（二）釐清發展思路，設計整體改革方案

綜合性的社會問題需要社會綜合治理，更需要提高對改革的自我認識水準，設計出整體改革方案才能從根本上解決這些問題。今後的全面深化改革和以前單抓經濟發展，存在著四個「不同」。

一是改革與發展的主次關係發生了變化。以前是以發展為主導，改革配合發展，為了發展速度，往往放棄或扭曲了改革；現在要以改革為主導，以改革保障可持續發展、科學發展、長期發展，不失時機地推進改革是首先要考慮的任務。當然，改革也要照顧到發展，最大限度地保障發展不受影響或少受影響，但更多要考慮到長遠發展，不能再一味追求每年每月的發展速度，而要考慮到發展的效益、品質、可持續性。必要時，為了改革的推進，要捨棄低效益、低品質、不可持續的發展速度。

二是對領導機關和領導幹部來說，以前的配合發展和開放的改革意味著權力的放大和利益的增加，而全面深化改革則意味著權力和利益的減少，意味著自我革命。對於有意或無意利用以前改革決策的失誤而獲得額外利益致富的人來說，全面深化改革則意味著斷了「發外財」或獲

取既得利益的路子。

但是，從整體來說，這些人還是改革的最大受益者，沒有理由對全面深化改革表達不滿和抵制。

三是全面深化改革不能再「摸著石頭過河」，而是要有合理完整的方案。在長期僵化封閉的思想理論下，抓住機遇加快經濟發展，「摸著石頭過河」是不得已而為之。那時候的改革舉措，由於多數與開放和借鑑有關，也容易「摸」出來。現在回過頭去看，也有一些舉措是沒有「摸」准的。

現在要真正全面深入地推進改革，就必須有整體合理、切中要害的改革方案。整體改革的方案必須要相互銜接和協調，不能相互矛盾，或者前面的舉措為後面設置障礙。

四是在思想理論方面，重點不再是「解放思想」，而是「理論創新」。過去要在僵化封閉的思想理論條件下推進改革開放，首先就是要解放思想。現在通過三十多年的開放和搞活，不僅西方的各種思想傳進來了，而且過去受到批判和抵制的傳統思想也恢復了，思想理論出現了多元和分化的局面。

在這種情況下，要形成改革共識，解決社會問題，就必須創新基礎理論，形成對中國和世界認識最深刻、最全面、最科學的理論學說。以這樣的理論創新作為指導，才能形成改革共識，理清發展思路，才能設計出真正合理的整體改革方案。

二、完善社會主義國家制度需要改革

（一）不完善的制度會使好人變壞、壞人更壞

中國目前已經形成三個先富起來的既得利益群體。一是以少數官員

為代表的權貴利益群體，二是以部分壟斷國企為代表的壟斷利益群體，三是以房地產和資源行業為代表的地產資源利益群體。

作為先富起來的群體，他們對國家的經濟發展是有貢獻的，國家當然也認可他們在遵紀守法前提之下的既得利益。

但是，在少數人先富起來的過程中，確實出現了一些問題，以致造成了嚴重的貧富懸殊。嚴重貧富懸殊使得人民群眾產生懷疑：現在究竟是社會主義還是資本主義？使得部分下層民眾產生懷疑，懷念毛澤東時代的「共同貧窮」和「清廉政治」，也使得他們對當今社會性質，對未來的社會主義應該怎樣發展產生了迷茫。

這說明，我們的社會主義在發展中出現了問題，必須完善制度加以解決。當然，先完善制度避免產生問題是最好的，但是國家領導必須針對相關的問題才可能制定出合適的制度，完善制度會有一定的滯後過程。所以，必須在接下來的社會全面改革中，完善社會主義制度來解決已經出現的問題。

社會主義國家制度當然是好制度，但是如果缺乏上下結合的監督機制，久而久之，就會讓好幹部變壞，壞幹部變得更壞。鄧小平在總結「文革」教訓時有個著名論斷：制度好可以使壞人無法任意橫行，制度不好可以使好人無法充分做好事，甚至會走向反面。

（二）把社會公權裝進制度的籠子

習總書記強調反腐要「老虎蒼蠅一起打」，是對社會上「選擇性反腐」言論的有力回應，顯示新一屆中央有腐必反、有貪必肅，對腐敗問題「零容忍」的堅定決心。同時提出把權力關進制度的籠子，是從權力運行的高度，推動建立不敢腐的懲戒機制、不能腐的防範機制、不易腐的保障機制。

執掌重權的問題官員邊腐邊升，是誰提拔了他們？肯定是權與利的

交換作用。在他們胡作非為期間，人大監督過他們嗎？政協監督過他們嗎？報紙批評過他們嗎？都沒有！關權力的籠子在哪裡？如果都是些中看不中用的籠子，拿什麼關住權力？如果不能把權力裝進制度的籠子，那就先把人民從籠子裡放出來吧，因 群眾的眼睛是雪亮的，分得清黑白善惡！

《史迪威與美國在華經驗》一書寫道：幾位記者從延安回來，向蔣夫人讚揚共產黨人廉潔奉公、富於理想和獻身精神。宋美齡感觸良深，說出了她畢生最悲傷的一句話：「如果你們講的有關他們的話是真的，那我只能說他們還沒有嘗到權力的真正滋味。」

當社會主義制度建立之後，過去能夠自覺約束自己行為的革命者嘗到了權力的真正滋味，不少革命者「在糖衣炮彈面前打了敗仗」。這說明社會主義制度並不是建立之後就一勞永逸、萬事大吉了，還必須經歷較為長期的社會主義制度的完善過程。社會主義的國家制度從建立到完善需要一段比較長的時間。

首先，社會主義國家制度的建立時期就需要幾十年的實踐，從而檢驗制度的效果如何，對錯與否。比如對農村承包制度的檢驗，對人民民主制度的探索。

然後，又需要幾十年的時間完善制度，發現問題，再尋找解決的好辦法。比如我們現在已經知道，限制和解決權力財富化的好辦法，就是把社會公權裝進制度的籠子；還有，既要建立健全社會主義上下通暢的民主管道，又要限制少數人綁架多數人意志的「街頭民主」，就必須用法治來保障民主管道的暢通。

以後幾十年的經濟發展伴隨著改革過程，讓中國經濟重新回到世界首富，這樣的成績單，才足以證明社會主義的優越性。到二十一世紀中葉，中國的社會主義國家制度才能得到全面而徹底的完善。

（三）努力化解改革的阻力

黨的十八大之後，本來是要以政治體制改革與經濟體制改革相適應、相配套的原則來推進改革的。不知不覺之間，改革有了一定的阻力，腳步更加緩慢，改革內容被嚴重擠壓，最大的障礙和阻力就是違背了黨的十八大的決議。

1. 大刀闊斧改革權力結構，避免腐敗氾濫

權力腐敗是目前中國社會發展的最主要阻力，而全面改革是制約腐敗最有效的措施。腐敗已經從點發展到面，形成了腐敗的網路，甚至借「反腐敗」來達到為權力鬥爭而組織腐敗網路的目的。所以，貪官淘汰清官，就不再是反常現象，即使某些高層政治領袖具有打擊腐敗的堅定信念，也不敢輕易面對既得利益集團的反對。

腐敗問題的解決主要並不在於加強道德教育和健全法律條文等措施。在紙醉金迷的物質誘惑面前，道德的力量是如此蒼白和無力，人們對這種沒有監督的絕對權力已經部分地喪失了信心。目前的權力結構和體制已經到了必須大刀闊斧改革的時期。

2. 用法制衝破既得利益階層的潛在阻撓

三十年的發展客觀上已經造就了既得利益階層，使社會財富不合理地向少數人集中。我們必須高舉公平、公正、透明、民主、法制的大旗向不合理的既得利益階層開刀，這當然會受到既得利益階層的潛在阻撓。

由於既得利益階層掌握了中國社會的大量資源，深層次的改革顯得更加艱難，或者停留在搞形式、走過場的層面。這就需要全國人民行動起來，以法制為武器，堅決支持中國共產黨的反腐敗鬥爭。

3. 深層次改革需要制衡權力與均衡利益

怎樣進行深層次改革呢？深層次的改革就要考慮如何監督、制衡與分配。

一是必須得到有效的監督和制衡，不能讓「腐敗」披上「合法」外衣；二是努力均衡改革開放帶來的利益分配，避免貧富差距不僅沒有縮小反而更加擴大，鼓勵先富能夠很好地帶動後富。

　　深層次改革必須要求思想真正解放，要從中國國情出發，在總結三十多年改革開放實踐經驗的基礎上，以相當大的決心，敢冒風險，敢於變革，勇於創新，為全面改革提供理論支持，爭取中國的經濟政治和社會全面改革新局面。

第二節　社會全面改革的主要內容

社會主義制度是通過在馬克思理論指導下的最底層人民的革命而建立的，當然優於資本主義制度。只是社會主義大多脫胎於封建社會，建立初期的封建殘餘不可避免，必須通過長期改革促進經濟發展和社會進步消除封建殘餘，社會主義優越性才會發揮出來。

社會主義消除封建殘餘是個長期的改革過程，不能消除或者不願消除的，最終只能走向失敗。就像蘇聯由於利益集團阻撓，無力進行政治經濟改革，導致亡黨亡國；朝鮮如果繼續保留封建世襲制度，必然滑向封建社會主義。

只有走中國特色社會主義道路，敢於深入進行社會全面改革，建立執政黨自上到下的領導監察機制和全體人民通過各級人民代表大會有秩序進行的、自下而上的民主建言監督機制，兩種機制有機結合，實現社會公平、公正。經過發展完善社會主義制度，才能將社會主義優越性充分發揮出來，從根本上戰勝資本主義制度。

一、經濟改革：經濟體制結構的轉型和經濟制度的完善

（一）經濟體制和結構的轉型

按經濟轉型的狀態分為經濟體制轉型和經濟結構轉型。

經濟體制轉型是指從高度集中的計劃經濟體制向市場經濟體制轉型，把市場經濟視為一整套具體的體制安排和經濟發展的工具。

經濟體制轉型的目的，是在一段時間內完成制度創新。現在看來，完全的市場經濟體制也是不合適的。相對完善的體制，應該是計劃經濟體制與市場經濟體制，按照不同經濟領域的不同特徵，實現相對完美的結合。

經濟體制的轉型過程開始於鄧小平時代。一九九二年中國共產黨十四大確立了社會主義市場經濟的改革目標，認為市場經濟是一種發展生產力的手段，不管是資本主義還是社會主義都可以使用。

十五大正式提出「抓大放小」的戰略和經濟結構布局。「抓大」就是建設大型企業集團，強化中國在國際經濟上的競爭能力。「放小」就是民營化或者中國式的私有化。

經過二十世紀九〇年代的改革，中國暫時達到了經濟結構的兩個平衡，即國有部門和非國有部門之間的平衡，大型企業和中小型企業之間的平衡。

二十世紀九〇年代的改革也確立了市場經濟的基本制度或者經濟制度的基礎結構。這是經濟層面的國家制度建設，對於經濟發展至關重要。分稅制改革、中央銀行制度改革、加入世界貿易組織都是這個時代完成的。

這些變化也反映在法律體系上，主要是修改憲法，制定新的法律，承認非國有部門的合法性和保護私有產權。

經濟結構轉型是指從農業的、鄉村的、封閉的傳統社會向工業的、城鎮的、開放的現代社會轉型。

經濟結構轉型的目的是實現經濟增長方式的轉變，從而在轉型過程中改變一個國家和地區在世界和區域經濟體系中的地位。

經濟結構轉型已經開始了，二〇一二年中央經濟工作會議於十二月十五日在北京召開，提出下一年經濟工作主要任務是：「加快經濟結構調整，促進經濟自主協調發展。一是擴大內需特別是消費需求；二是推

進產業結構優化升級；三是加強節能減排工作；四是推動區域協調發展。」

經濟結構包括產業結構、技術結構、市場結構、供求結構、企業組織結構和區域布局結構等。因此，經濟結構轉型又包括產業結構調整、技術結構調整、產品結構調整等。雖然中國經濟發展成就巨大，但經濟結構不合理的矛盾長期存在，必須要從以下五個方面進行調整，從而實現中國在經濟結構和社會發展方式上的轉型。

一是要調整經濟增長結構，實現從出口向內需的轉型。

二是要調整產業結構，實現從三個產業非均衡發展向相對均衡發輾轉型。

三是要調整經濟要素結構，實現從粗放型增長向技術性增長轉型。

四是要調整收入與利益分配結構，實現從國富到民富的轉型。

五是要調整能源結構，實現從高耗能向低耗能及綠色能源轉型。

（二）經濟制度的完善

堅持公有制為主體、多種所有制經濟共同發展的基本經濟制度，而不能搞私有化和單一公有制，這是促進中國生產力進一步發展、堅持和完善社會主義市場經濟體制的重要體制基礎。在此基礎上，堅持和完善基本經濟制度。加快完善現代市場體系，加快轉變政府職能，深化財稅體制改革，健全城鄉發展一體化體制機制，構建開放型經濟新體制。

繼續深化國有經濟改革。推進國有企業改革重組。通過兼併、重組、聯合等多種形式，推進國有企業股份制改造和大企業產權多元化改革。進一步完善法人治理結構，健全市場化選人用人和激勵約束機制，逐步取消國有企業經營管理者行政級別。加強和規範政府投資公司平臺建設，完善治理結構和運營機制。

優化國有經濟布局。完善國有資本有進有退、合理流動機制，促進

資源要素向優勢企業集聚。推動國有資本向城市基礎設施和公共服務領域集中，向戰略性新興產業和產業鏈高端集中。

深化壟斷行業改革。對基礎設施、市政公用、交通城建、文化旅遊等國有企業，引入競爭機制，擴大市場准入範圍，降低准入門檻。優化資源配置，提高市場化程度和資產運營效率。

完善國有資產監管體制。落實出資人制度，實現企業國有產權和上市公司國有股權監管全覆蓋。健全國有資本經營預算和收益分配制度；加強國有資產投資監管、財務監管和風險防控體系建設；完善經營業績考核與薪酬管理制度，健全經營業績和重大決策失誤追究制度。

進一步改善民營經濟發展環境。放寬民營資本投資領域。鼓勵擴大民間投資，破除行政壟斷，放寬市場准入，除國家明令禁止的，凡允許國有資本和外資進入的領域，一律對民營資本開放。

支持民營資本進入電力、電信、鐵路、民航、公路運輸、銀行、證券、保險、水利、石油、礦產、國防科技以及醫療、供水、供氣、供熱、污水和垃圾處理、公共交通、城市園林綠化、社會福利事業等公共服務領域，投資教育、科研、衛生、文化、體育等社會事業；鼓勵民營資本參與國有、集體企業的改組、改制。

建立健全民營企業社會化服務體系。建立健全民營經濟資金融通、就業培訓、創業服務、人才引進、自主創新、專案審批、資訊諮詢等社會化服務體系。鼓勵金融機構針對民營企業特點，創新金融產品和服務方式，發展多種形式的質押方式，全面開展股權、林權、商標專用權、商業票據、保理、動產等多種抵（質）押形式融資。

加強中小企業公共服務平臺建設。鼓勵民營企業加強技術創新，扶持民營企業技術研發、自主設計、自主品牌培育能力和水準，提升企業發展能級和內生動力。

加強對民營經濟的合理引導和監督管理。建立健全民營企業統計監

測制度，加強對民營企業經濟運行情況分析、掌握動態，提高市場預測和提高風險防範能力。加強信用機制建設，強化社會徵信。統一銀行稅務，建立共用共用的誠信體系。推動建立協調勞資關係的組織和機制，維護職工權益。

二、政治改革：完善國家制度法律體系，實現高品質民主

（一）配置合理的國家制度法律體系

中國的政治改革早已經開始，並且在各方面取得了很大的成績。例如中國稱之為「機構改革」的行政體制改革、農村自治制度、鄉鎮選舉、黨內民主等都在進行。

在黨的十八屆四中全會上，習總書記提出「四個全面治國方略」，即全面建成小康社會、全面深化改革、全面推進依法治國、全面從嚴治黨的戰略決策，推動中國向著科學社會主義方向前進。

目前，權力腐敗是最嚴重的社會問題，必須通過政治體制改革才能使之得到完全徹底地解決。最重要的是在黨的領導下，堅持依法治國，發揮憲法的國家根本法作用，堅持黨內監督和黨外監督相結合，全面從嚴治黨，最大限度地從制度上根治權力腐敗。

第一，要建立與現代國家治理相適應的國家制度法律體系，使人大、政協、政府部門、司法機關之間有效制衡又合理分工。

按照在黨的領導下依法治國、依憲執政的要求，全面貫徹實施憲法，確保公權力的分配和運行得到監督和制衡而不被濫用，實現法律之治和科學之治的結合，從制度上預防腐敗。

既要保證黨的領導，又要賦予全國人民代表大會在憲法中所規定的

最高權力，不能讓行政權力凌駕於立法、司法機關的權力之上，將行政機關的權力裝進黨領導下的民主和法治的籠子裡。

政府行政機關要主動向人大、政協負責，自覺接受監督，並維護監督的權威性，避免流於形式，建立真正的問責式政府。

第二，黨政職能分開，劃清黨組織和國家政權的職能，理順黨組織與人民代表大會、政府司法機關、群眾團體、企事業單位和其他社會組織之間的關係，做到各司其職，並且逐步走向制度化。

第三，建立中央政府和地方政府之間的治理體系，實現國家治理模式轉型。釐清中央政府與地方政府的權力與責任邊界，確保各級政府的權力與其對民眾的責任相對稱，促進有限政府和服務政府的形成。為此，有必要對各級政府的許可權、權利和義務關係做出規定，以增加權威性、穩定性和透明度。

第四，改革政府工作機構。按照經濟體制改革和政企分開的要求，合併裁減專業管理部門和綜合部門內部的專業機構，政府對企業由直接管理轉變到間接管理。適當加強決策諮詢和調節、監督、審計、資訊部門，轉變綜合部門的工作方式，提高政府對宏觀經濟活動的調節控制能力。

第五，改革人事制度。對「國家幹部」進行合理分解，改變集中統一管理的現狀，建立科學的分類管理體制；改變用黨政幹部的單一模式管理所有人員的現狀，形成各具特色的管理制度；改變缺乏民主法制的現狀，實現幹部人事的依法管理和公開監督。建立國家公務員制度。

第六，建立社會協商對話制度。提高領導機關活動的開放程度，重大事情讓人民知道，重大問題經人民討論。理順共產黨和行政組織、群眾團體的關係。建立人民申訴制度，使憲法規定的公民權利和自由得到保障。

第七，加強社會主義法制建設，進一步加強司法獨立、司法公正，

使社會主義民主政治一步步走向制度化、法律化。

政治體制改革將會加快有中國特色的民主政治的進程。

（二）實現高品質民主

黨的十八大報告指出，支持人大及其常委會充分發揮國家權力機關作用，依法行使立法、監督、決定、任免等職權，加強對「一府兩院」的監督。提高基層人大代表比例，降低黨政領導幹部代表比例。在人大設立代表聯絡機構，完善人大代表連繫群眾制度。

改革和完善人民代表大會制度，釋放人大所賦予的政治功能，這應該是與「一府兩院」和其他機構的行政改革相配套，同時也和人民群眾的民主意識的增強相適應，既要積極穩妥地推進人大民主進程，同時又不能揠苗助長。所以，這是今後二三十年之中循序漸進的長期過程。

要從人大依法履行職權發揮作用，如人大代表專職化、人民代表的選舉、代表大會召開的形式、人大對一府兩院形式上的監督真正轉到實質意義上的監督等方面著手，進而提高選舉民主的真實程度，並使各級人民代表大會向能夠充分行使權力的最高權力機構邁進，才能對所有國家機構行使逐漸深化的政治改革和切實有效的監督，完善社會主義國家制度，將中國共產黨領導下的「以憲治國」落到實處。

1. 堅持和優化黨的領導，真正發揮人大的權威

政治體制改革的根本目標是要從發展黨內民主到發展人民民主。選出全國人民代表大會作為最高權力機關，制定法律並賦予黨的執政權。中國共產黨作為執政黨，實施對人大的政治、思想和組織領導。

中國共產黨要提高執政能力和領導水準，必須實行領導方式的轉變，要從主要依靠政策逐步轉變為主要依靠法律。要明確規定「重大事項」的範圍，把黨的主張轉化為國家意志，切實尊重和支持人大行使重大事項決定權。

2. 完善人大代表選舉機制

選舉是一個國家政治民主化進程的重要標誌。中國現行的人大代表選舉制度雖屢經改革，但仍需進一步完善。

一是逐步完善人大代表專職制度。專職的人民代表才有時間和願望去連繫選民認真監督各級公職人員，專職的人民代表大會制度才能形成代表人民的強有力的監督機制。

二是適時提升人大代表直接選舉的層次和範圍。黨組織從推舉全部候選人到逐漸放開比例，允許選民根據《選舉法》推舉部分人民代表候選人，但這是長期漸進的過程。必須要堅持黨的領導和協調，在社會穩定發展的前提下，在各方面條件成熟的情況下才能分步提升，不能「揠苗助長」。

三是逐步構建代表候選人公平競爭平臺。為了確保選舉結果的公開、公正，激發選民積極參與選擇，在選舉中實行適當的公平競爭機制，同樣也是個長期漸進的過程。

中國《選舉法》已經規定了具有選舉和被選舉權的公民參與公平競爭的基本權利，選民的民主意識加強，以堅持黨的領導和社會穩定發展為前提，建立適當的公平競爭制度的條件已基本成熟。

3. 完善人大監督機制

中國憲法規定，在黨的領導下，人大及其常委會對「一府兩院」的監督是最高層次、最具權威的監督，其功能在於保證「一府兩院」忠實於憲法、法律，嚴格依法辦事，並防止和糾正它們濫用權力的行為，保障公民的權利不受侵犯。由於體制和機構等因素限制，人大監督還存在一定的不足之處。

現在正在探討之中，可以在未來若干年逐步實行的人大監督措施有如下幾方面。

一是要建立健全人大監督機構。人大對其他國家機關的監督制約缺

乏力度，未設立專門的監督機構是重要原因。

二是要完善人大監督的程式。人大要想體現最高監督權的地位，必須完善相關監督程式，發揮法律賦予的監督作用。

三是要強化人大監督的效力。需要明確保證監督收到預期效果的強制性規定，強化法律責任。對拒不提出工作報告的，拒不到會答覆質詢的，拒不向人大執法檢查組或特定問題調查委員會提供材料的，故意干擾人大代表、委員在監督工作中履行職務的，應當明確做出追究其法律責任的規定。

四是要拓寬人大監督的管道。比如，在選民和人大代表的連繫上；人大與「一府兩院」的資訊溝通上；人大及其常委會會議前的視察、調查、檢查等各項活動方面都需要做出進一步規定。還可以在人大設立專門接收、受理人民群眾控告、申訴案件的職能部門，明確受理的內容和範圍，規定辦理的程式和方法，建立接收、登記、轉辦、結案、歸檔等制度。

4. 完善人大代表與選民的連繫制度

各級人大代表是人民群眾的代言人，理應與人民群眾保持密切連繫。可以說，人大代表始終保持與選民的密切連繫，是人民代表大會制度的生命力之根本。因而，完善人大代表與選民的連繫制度，是完善中國人民代表大會制度的關鍵環節。

一是要建立健全人大代表公示制度。各級人大應該向相應選民公布其人大代表的連繫地點、連繫電話或郵箱等。有條件的地方要建立網路平臺。

二是要建立人大代表向選民或選舉單位的述職制度。直接選舉的代表每年可到原選區，當面或書面向選民或選民代表報告執行代表職務的情況，聽取大家對履行代表職務的評議，間接選舉的代表在列席下一次人民代表大會時，報告執行代表職務的情況。

三是要建立選民與人大代表的定期見面制度。人大代表要向選民彙報工作情況；選民也要請代表向人大轉達意見和要求。

通過這些外部約束、制約和監督，將人大納入選民的監督，然後將各級政府的權力納入人大法制化的監督軌道。黨依照憲法對人大實施方針和路線上的領導，人民通過人大代表實現對黨政國家工作人員的職務監督和個人品格監督，這兩方面完全能夠協調進行。

三、社會改革：實現科學發展與建立和諧社會

社會改革是中國的主體性改革，其核心在於社會制度建設，包括社會保障、醫療衛生、教育、住房等。社會改革是要圍繞兩個重大目標：實現科學發展與建立和諧社會。

（一）「以人為本」的科學發展觀

科學發展觀要求，堅持以人為本，樹立全面、協調、可持續的發展觀，促進經濟社會和人的全面發展，其內涵主要包括以下方面。

一是要全面發展，就是以經濟建設為中心，全面推進經濟、政治、文化建設，促進物質文明、政治文明和精神文明的協調發展，實現經濟發展和社會全面進步。

二是要協調發展，就是統籌城鄉發展、統籌區域發展、統籌經濟社會發展、統籌人與自然和諧發展、統籌國內發展和對外開放，促進生產關係和生產力、上層建築和經濟基礎相協調，促進經濟、政治、文化建設的各個環節、各個方面相協調。

三是要可持續發展，就是要促進人與自然的和諧，實現經濟發展和人口、資源、環境相協調，保證資源一代接一代地永續利用，保證人類一代接一代永續發展。要滿足人類的需要，也要維護自然界的平衡；要

注意人類當前的利益，也要注意人類未來的利益。要改變那些只管建設、不管保護、濫開發、不治理，只顧眼前的增長、缺乏長遠的打算，重局部利益、輕整體利益的錯誤做法，走上生產發展、生活富裕和生態良好的文明發展道路。

四要堅持以人為本的發展，這是科學發展觀的本質與核心。它要求以最廣大人民的根本利益為本，努力實現人的全面發展。從人民群眾根本利益出發謀發展、促發展，不斷滿足人民群眾日益增長的物質文化需要，切實保障人民群眾的經濟政治文化權益，讓發展成果惠及全體人民、惠及子孫後代。

（二）建立社會主義和諧社會

構建民主法治、公平正義、誠信友愛、充滿活力、安定有序、人與自然和諧相處的社會主義和諧社會。

首先，社會主義和諧社會應當是充滿發展活力的社會，體現在經濟、政治、文化和人本身等各方面，集中表現在社會成員主動性、積極性、創造性的充分發揮和切實保證上。要從政策上提供支持、從制度上保證社會充滿創造活力，使社會各階層的人們各盡其能、各得其所，為社會成員充分施展才能提供機會和舞臺，營造一種積極的、有利於社會發展的和諧氛圍。

其次，社會主義和諧社會應當是公平、公正與正義的社會。這是和諧社會的關鍵環節，收入分配差距不能拉得過大。我們要一方面繼續鼓勵有能力的人走勤勞致富、合法致富的路子；另一方面，堅決防止那些利用種種非法手段搞歪門邪道的人富起來；同時還要加強社會調控，讓那些能力和條件較差的群體通過自己的努力和社會的幫助，逐步改善境遇，走上共同富裕的道路。

再次，既然構建的是社會主義和諧社會，那就必須是有序的社會，

也就是經濟、政治、思想、文化、社會生活各個方面有章可循。有序是社會主義民主的應有之義。有序體現了依法治國的基本要義。有序還體現在社會成員各得其所，每個成員各獲其崗、各司其職、各守其則、各享其成。

最後，社會主義和諧社會還必須是一個安定的社會。做到人人平等、和而不同、互惠互利。實現社會安定，要解決三個重要問題：一是造就一個兩頭小、中間大的合理的社會階層結構；二是健全的社會管理機制；三是全社會共同的價值觀，用以培養逐步成熟的和諧社會心理。

二〇一四年六月三十日，中共中央政治局召開會議審議通過《關於進一步推進戶籍制度改革的意見》。一個月後，《國務院關於進一步推進戶籍制度改革的意見》對外發布，規定到二〇二〇年，基本建立與全面建成小康社會相適應，有效支撐社會管理和公共服務，依法保障公民權利，以人為本、科學高效、規範有序的新型戶籍制度，並敦促各地抓緊出臺本地區具體可操作的戶籍制度改革措施，並向社會公布。

到二〇一五年底，已有至少二十個省分出臺省級深化戶籍制度改革的實施意見。不少省分出臺的戶口遷移條件比國版寬鬆；在人口管理方面，建立或完善居住證制度已成為共識。本輪戶籍改革完成後，一億左右農業轉移人口和其他常住人口將有望在城鎮落戶。

第三節　改革目標：社會主義現代國家制度的完善

全面深化改革的目標，就是要在目前社會發展成就的基礎上，通過調整不合理的權力結構和利益機制，實現公平正義，保障經濟可持續發展、科技可自主創新、社會矛盾可和平化解。

全面深化改革，就是要變少數人先富為大多數人共富，變生活型富裕為資本型富裕，變富為強，增強企業競爭力、科技創新能力、政治凝聚力、國防硬實力、文化軟實力，使中國綜合國力的增強趕上「威脅中國」力量的增強，以實力來維護和平，應對挑戰。而最重要的根本性目標，是社會主義現代國家制度的完善。

一、黨的領導是核心

（一）維護黨的領導權威

從社會主義到共產主義的整個歷史時期，都必須要有一個堅強的領導核心，代表著國家和人民的最根本利益，毫不動搖地推進經濟發展和共同富裕，這個核心只能是共產黨。

先富起來的群體中的大多數，是靠辛勤勞動和守法經營富起來的。他們為國家經濟發展做出了巨大貢獻，正在帶動群眾走上共同富裕的道路。但是也有財產來源不正、靠貪腐或侵吞國有資產而一夜暴富的群體。

因此，為了毫不動搖地推進經濟發展和共同富裕，必須形成堅強的

領導核心，這就是中國共產黨的領導。同時，清除黨內拒絕全面改革的既得利益集團，堅持和優化黨的領導，將執政黨納入「依法治國」的法治和民主的監督體系。這是區分是歡迎人民監督的真共產黨人，還是害怕人民監督的黨內既得利益集團的試金石。

（二）優化黨的領導觀念

中國共產黨人是中國人民中的先進部分，是受全體人民委託，來管理和推進中國的社會主義事業，不是與生俱來的國家統治者。

黨和人民的關係，此前比喻為魚水關係。雖然魚離不開水，但是魚和水是不同的兩類物質，這不足以說明黨的本質。

黨和人民應該是重水和水的關係：無論何處的水，其中都有微量重水，本質和水相同，卻蘊含巨大能量，還是很好的消毒劑。這體現了共產黨人與人民同根同源，走在群眾前面為人民服務的本質特徵。

共產黨要當好領導核心，必須要總結國內外共產黨發展建設的經驗教訓，優化黨的領導觀念。

一是要深入徹底地清除封建特權觀念，深入理解「權為民所賦，權為民所用」的意義，樹立新的政黨觀、國家觀、權力觀、執政觀。

二是要自覺接受人民及由人民委託的各級人大的民主監督，堅持黨領導下的「依法治國」，自覺接受人大監督和法制監督，在憲法和法律的範圍內活動，發展黨內民主，做好領導核心的表率。

三是要從嚴治黨，做好對黨員幹部和普通黨員的理想信念教育，堅持實施由黨內紀檢委和黨外人民委託各級人大的雙重監督。要及時清除敗壞共產黨聲譽的腐敗分子，預防他們發展到危害國家和人民利益的貪腐集團。

（三）不回避人民監督

人民群眾應該監督國家政權。執政黨代表人民掌握國家政權，因此，人民群眾需要監督的不僅僅是各級政府，更是執政黨及其各級黨組織。否則，只監督政府，而不監督執政黨，是無濟於事的。

人民群眾是否可以監督執政黨？有人說：目前討論這個問題還為時尚早。其實這個問題用不著討論，已經有了定論。

毛澤東主席早在新中國成立前就針對中國歷朝歷代的「其興也勃焉，其衰也忽焉」的週期律指出，能夠跳出這個週期律，就是民主，讓人民起來監督。二十世紀五〇年代，鄧小平同志指出，黨要受監督，黨員要受監督，八大強調了這個問題。毛澤東特別強調要有一套章程，就是為了監督。黨要領導得好，就要受監督，就要擴大黨和國家的民主生活。如果我們不受監督，不注意擴大黨和國家的民主生活，就一定要脫離群眾，犯大錯誤。

當然，由於種種原因，現實與理論差距很大。但是到了現在，人民理解了監督執政黨的重要意義，黨也理解了人民監督黨是為了黨能夠長期執政，實質上是在愛護黨。這樣，人民群眾通過法定程式對執政黨實行民主監督的條件在中國就成熟了。

中國現行的一黨制可以避免無序的政治競爭，無疑比多黨制更適合中國的國情。共產黨提出黨要管黨，但是只靠執政黨自己從嚴治黨，確實也有很大的局限性，等於是自己監督自己，一旦鬆勁很難避免腐敗再來。常言道：「天網恢恢，疏而不漏。」那只是美好的願望，既然天網眼「疏」，當然就免不了會「漏」。

最好的監督機制應該是天網與地網的有機結合，黨的監督是天網，天網領導地網。一是對黨政官員進行獨立的司法監督；二是在黨的宏觀領導下，人民群眾對黨政官員進行人大監督和新聞監督。通過有機結

合，達成從上到下黨和政府的紀檢監督，與從下到上社會主義的民主監督和新聞監督相結合而形成的社會主義社會的監督機制。

　　為了黨的長治久安，共產黨員必須自覺自願接受人民的監督。黨的各級組織依照法律體系和組織原則，對普通黨員和人民群眾實施方針路線和具體工作的領導，普通黨員和人民群眾通過法律制度實現對執政黨工作人員的職務監督和個人品格監督，兩者並不衝突。

二、依法治國是原則

　　十八屆四中全會提出，堅持依法治國首先要堅持依憲治國，堅持依法執政首先要堅持依憲執政。要將共產黨領導下的「依法治國」從紙面落到實處，需要六大支柱制度的支撐。

（一）「依法治國」的六大支柱制度

　　一是完善憲法監督制度。就是由特定國家機關按照憲法和法律規定的許可權與程式對立法、行政等權力的行使是否合憲進行審查。一般是由全國人大賦予權力的專門委員會行使監督職責。

　　二是完善憲法監督的程式。對有關國家機關和公民提出的審查要求或建議，要明確提出條件、受理部門、受理標準、具體審查程式及期限、審查結論的法律效力、能否申訴等問題。

　　三是完善憲法監督的啟動制度。啟動憲法監督程式，決定了違憲違法的行為是否充分及時有效地得到糾正。應建立完善司法機關向全國人大常委會移送審查制度。

　　四是健全憲法解釋程式機制。因為憲法具有較高的抽象性、模糊性、開放性與廣泛性，憲法解釋有助於憲法更好的地規範社會現實，現行憲法規定，全國人大常委會有解釋憲法的職權。

五是建立違憲責任制度。首先要有違反憲法的判斷機制，其次要有違憲行為的責任追究和糾正機制。由全國人大制定法律建立違憲責任制度，將「有權必有責、用權受監督、違法必追究」的法治要求加以落實。

　　六是健全憲法實施的公民參與機制。引導全民自覺守法、包括對憲法法律的服從和遵守，也包括運用憲法法律維護自身權益，還包括為憲法法律的發展完善建言獻策。

（二）憲法落到實處，方能「依法治國」

　　二〇一四年十二月四日，中國迎來了第一個憲法日。習近平總書記指出，憲法的生命在於實施，憲法的權威也在於實施。二〇一五年六月二十四日，全國人大常委會審議的《關於實行憲法宣誓制度的決定（草案）》確定了憲法宣誓的範圍——各級人民代表大會及其常委會選舉或決定任命的國家工作人員；草案將憲法宣誓的誓詞，統一為六十五個字：「我宣誓，擁護中華人民共和國憲法，維護憲法權威，履行憲法職責，恪盡職守，廉潔奉公，忠於祖國、忠於人民，自覺接受監督，為中國特色社會主義偉大事業努力奮鬥！」

　　憲法是「一張寫著人民權利的紙」，必須要真正落地，才能從「鎮國之法寶」轉化為「治國之法典」，並深化為人們的內心信仰。

　　一要保障公民基本權利。制定保障公民基本權利的必要法律，做到有法可依。中國憲法規定的基本權利，如果沒有具體立法，當這些權利受到侵害的時候，法院是無法予以司法救濟的。

　　執政黨率先垂範，要求公民做到的，自己就應該首先做到。著重做好對幹部的教育，讓幹部在領導崗位上，按照法律的思維、理念、方式來做事，無故侵害公民正當權利應當依法處理。

　　二要追究違憲行為，建立違憲審查制度。中國《憲法》規定，全國

人大和人大常委會有監督憲法實施的職權，就目前中國可行的模式，可以考慮在全國人大和人大常委會之下，建立一個憲法委員會，由它來受理憲法訴訟，審查違憲，並監督改正各個國家機關、單位團體和個人的違憲行為。

三要幫助公民樹立對法律的信仰。公民要學法、懂法、用法、守法，培養良好的遵法、守法的社會氛圍。就像過馬路，有人闖紅燈，可能第二、第三個人也都跟著闖了；如果有一個人停下來，可能後面的人也停下來了。十八屆四中全會《決定》中也提到，要形成守法光榮、違法可恥的社會氛圍，使全體人民都成為社會主義法治的忠實崇尚者、自覺遵守者、堅定捍衛者。

還應該規定憲法解釋程式和解釋效力。包括這樣一些內容：解釋案如何提出，如何受理，如何討論，如何表決，怎樣公布，效力如何等。還應該在群眾中開展憲法宣傳教育。

要推動依法治國的實質進步，還需要具體制度的支持。

首先，當然是週期性的選舉、黨內民主、黨外競爭等，只有通過人民的選舉，才能夠讓人民全力支持政府，同時讓政府全心全意對人民負責。

其次，是不同權力中心之間的制衡，尤其是司法的相對獨立性，要讓憲法真正成為一部「法」，要讓中國不僅有憲法而且有依法治國。

再次，要宣傳動員民眾依法維權，現行憲法為人民規定了很多權利，而人民自己要在制度實踐過程中，逐步學會行使這些權利。

三、民主法治是靈魂

（一）民主和法治的關係

民主和法治有著密切的關係。民主主要是指人民當家做主，以及少數服從多數，同時避免多數侵犯少數的基本人權。法治主要是指憲法法律至上，個人不能超越法律，權力必須在憲法法律之下，法律面前人人平等，權利應當得到司法保護。

民主與法治既相輔相成，不可分割，又存在本質區別甚至相互制約。民主與法治本質上分屬於不同的理論範疇。民主是指在一定的階級範圍內，按照平等和少數服從多數的原則來共同管理國家事務的國家制度，民主治國成為近現代政治發展的基本趨勢。中國憲法規定，中華人民共和國的一切權力屬於人民。公民依法享有政治、經濟、文化和社會生活等方面的民主自由權利。例如，選舉法就是一部包含大量民主內容的法律。訴訟法所規定的法庭內的原被告雙方的辯論也體現了民主的精神。

法治對民主又有一定的規範作用，民主不能超越法律規定的方式、方法和程式等，沒有法治的民主將是無政府主義。法治基本含義可概括為「法律至上、權力制約、司法公正」。作為一種治國方略，「依法治國」在中國一九九九年憲法修正案中得到正式確認。

民主可以促進法治的進步，民主程度越高，法治水準往往也越高，反之，如果民主突破現行憲法法律，民主就有破壞法治的可能。但在不違反現行憲法法律的前提下，民主的進步會不斷提升法治水準。

民主與法治是現代憲法機制良性運作的雙翼，兩者在一定條件下是可以統一的。民主為法治奠定基礎，法治為民主提供保障，這也正是現代民主法治所追求的目標。

具體來講，法治將民主制度化、法律化，為民主創造一個可操作的、穩定的運行和發展空間，把民主容易偏向激情的特性引導至理性的軌道，為民主的健康發展保駕護航。法治還通過對一切私人的、公共的權力施以必要的法律限制，從而保障公民權利，維護民主秩序。同理，民主也為法治注入新的內容和動力，以民主機制形成的法律制度，使法治為保障人權、自由及促進人們的幸福生活服務。

民主與法治不是絕對的天然盟友。缺乏民主的法治，法律往往淪為權勢的工具，就不可能真正實現法治，而是「形式法治」。而缺乏法治的民主，由於缺欠憲法與法律制約，往往借「民主」之名，實施少數人暴政。多數人的人權無法得到保障，難免走向另外一種極端。

因此，在黨領導下的現代民主法治社會中，必須以法治支持民主秩序，並借助民主來完善法治。

縱觀世界各國民主與法治的發展經驗，並不存在普遍適用的制度構建模式。在一些國家和地區，有發達的法治制度，但卻缺乏民主表達機制；或者有發達的民主機制，卻未形成完善的法治。

中國是個大國，利益格局複雜，加之改革開放正處於推進的關鍵時期，積極穩妥地協調推進民主與法治是一種務實的做法。

（二）法治先行，民主跟進

當前中國在如何處理民主和法治的關係問題上應當有自己的步驟和安排。法治應當先行，民主應當緊隨其後。為什麼說要法治先行呢？

首先，中國的民主法治建設與他國的最大區別或者說難度就是人口眾多，且國民素質參差不齊。不從這個國情出發，法治建設很難取得成功。如果民主先行，可能會帶來秩序的混亂。人口越多，法治越重要；人口越多，維護秩序的難度也越大。

其次，當前中國民主法治建設的主要問題是法律的實施問題，換句

話說，是有法不依的問題。有法不依主要表現在有權有錢的人超越法律，不遵守法律，權錢結合。

有權有錢的人不尊重法律，基層民眾的思想裡，還保留著「要錢沒有，要命一條」的觀念。

目前，中國社會主義法律體系已經基本建成，那麼，實施這些已經制定的法律就成了當務之急。

為什麼說民主要緊隨其後跟進呢？法治先行並不等於不要民主，如果民主不跟進，民主就會制約法治的推進。民主的跟進可以提升法治的認受性、科學性、可行性，可以提高法治的品質，防止法治轉變為集權或獨裁的工具，防止法治蛻變為惡法之治。

很多嚴重的違法現象就是通過媒體的報導披露出來的，這就是一種民主，這種民主有利於監督政府依法行政，促使政府有關部門制止和處罰相關違法責任人。

總之，民主與法治相互影響、相互作用、相互依存，先法治後民主應該是建設法治中國的一條佳徑。

今後，民主的重點是在黨的領導下，進一步加強人民代表大會制度，切實保證人民通過各級人民代表大會行使當家做主的權利。

四、弘揚中華傳統文化，建立現代國家制度

（一）中華傳統文化及其現代作用

中華傳統文化是中華民族在中國古代社會形成和發展起來的比較穩定的文化形態，是中華民族智慧的結晶，是中華民族的歷史遺產在現實生活中的展現。這個思想體系蘊含著豐富的文化科學精神，主要體現在三個方面：一是凝聚之學，是具有內部凝聚力的儒家文化，這種文化的

基本精神是注重和諧，把個人與他人、個人與群體、人與自然有機地連繫起來，形成一種文化關係；二是相容之學，中華傳統文化並不是一個封閉的系統，儘管中國古代對外交往受到限制，還是以開放的姿態實現了對外來學說的相容；三是經世致用之學，文化的本質特徵是促進自然、社會的人文之化，中華傳統文化突出儒家經世致用的學風，它以「究天人之際，通古今之變」為出發點，落腳點是修身、齊家、治國、平天下。

中華傳統文化的核心是什麼？為什麼能夠有如此強大的生命力和改造現代社會的作用？傳統文化是中國古聖先賢幾千年經驗、智慧的結晶，其核心就是道德教育。在當前文化缺失、物欲橫流的大環境下，有不少人誤認道德是限制人們行為的條條框框。其實，有道德的生活才是真正正常、幸福的生活。

中華傳統文化是一種理性的文化，越是在科學發達、人們文化水準提高、認識能力增強的情況下，越有利於中華傳統文化的傳播。用現代語言把中華傳統文化的內涵表達出來，使人們真正理解中華傳統文化，這是中國歷史發展到今天的必然要求。

英國著名的哲學家湯恩比博士提出了舉世深思的論點：挽救二十一世紀的社會問題，唯有中國的孔孟學說和大乘佛法。世界需要中國古老文化理念的推廣和實踐，中華傳統文化的普及和復興會帶來人際關係和諧、社會長治久安，可持續發展就能平穩實現。這難道不是我們共同的期盼嗎？

中國是五千年文明古國，主張合作與和諧，與西方文明的侵略與競爭形成鮮明的對比，應該吸取其中的合理內核，增強現代因素，創新中華文明。中華傳統文化存在著儒法之爭，儒家推崇教化，略顯柔弱，法家強調法制，剛而易折，綜合儒法兩家的精華，取長補短，再以社會主義核心價值觀加以充實，形成新中華文明的先進文化。用以抵抗資本主

義強盜文化的侵擾，傳遞給世界各國人民，形成與資本主義競爭的強大精神力量。

（二）社會主義核心價值觀弘揚傳統文化

社會主義核心價值觀在國家、社會和個人三個層面上，直接或間接地弘揚和繼承了中華傳統文化中的思想精華。

國家層面倡導「富強、民主、文明、和諧」，借鑑了傳統文化中「自強不息」「以和為貴」等思想。

社會層面倡導「自由、平等、公正、法治」，借鑑了儒家「天人合一」「隆禮重法」等思想。「自由」在古代多指人通過發揚善心，進而知性、知天，「參天地之化育」，最終實現天道與人道交融互通，達到物我為一、天人合一的境界。「中則正」，一個人如果能守護善性，言行不偏不倚，就會保持公心，體現公正。「法治」在傳統文化中作為德治的重要補充，受到不少思想家的推崇。

個人層面倡導「愛國、敬業、誠信、友善」，傳承了中華民族幾千年的傳統美德。「愛國」是中華兒女矢志不渝的信念，是我們彌足珍貴的精神財富。「誠信」思想最早來自儒家，《中庸》講：「誠者，天之道。」天道至誠真實，所以，人性真誠善良。「信」為人言，人要言必信，行必果。由「誠」到「信」，是做人的基本要求。儒家認為，仁義禮智信是每個人都應遵守的道德規範。「仁」表現為善待他人，推己及人，即「友善」。「義」表現為處事得體，辦事盡心，即「敬業」。中國傳統文化博大精深、源遠流長，其中的思想精華和道德精髓是社會主義核心價值觀的重要思想源泉。

（三）建立和完善社會主義現代國家制度

鄧小平在《黨和國家領導制度的改革》中指出，為了適應社會主義

現代化建設的需要，為了適應黨和國家政治生活民主化的需要，為了興利除弊，黨和國家的領導制度以及其他制度，需要改革的很多。現代國家制度正是全面改革後的制度設計。

社會主義現代國家制度的基本含義體現的是馬克思主義、毛澤東思想、鄧小平理論的精髓，即國家成為社會各階層利益的平衡者，成為弱勢群體和公民權利的保護者；國家的政治規範化、民主化，經濟市場化、民有化，社會法治化、平等化；實行社會主義的地方自治制度和民間自治制度。

社會主義現代國家制度包括現代政治制度、現代經濟制度、現代社會制度、現代文化制度等。其核心是現代經濟制度，其癥結和難點是現代政治制度。因此，中國要特別強調和注重社會主義現代政治制度的建設。

建立社會主義現代政治制度就是要確立社會主義民主和法治，形成現代政府制度、現代司法制度等。確立人民主權、官員的權力來自人民的授權的原則；國家是公民利益的維護者，是社會各階層利益的代表；人民有議政權、參政權、選舉權、罷免權、監督權、創制權；執政黨行為規範化，民間社會自主化，民主生活法制化；憲法至上，維護憲法和法律尊嚴；法律面前人人平等，司法系統在財政上、組織上獨立於各級政府。

建立現代經濟制度就是要實行社會主義市場經濟、民有體制。塑造現代企業制度、現代金融制度、現代宏觀調控制度、現代社會保障制度等，形成民眾主導的開放、高效、廉潔政府，通過公有制、保障體制、個人所得稅、遺產稅等縮小貧富差距，建立現代均富制度。

建立現代社會制度就是要形成自由、寬容的民間社會氛圍。實行非身分制度，不再強制將某一身分終身化。建立民主、法治、公平、高效、文明、開放的現代城市制度、現代社區制度、現代農村制度、現代

農民制度等。

　　建立現代文化制度就是要確立現代輿論制度、現代新聞制度、現代教育制度等，塑造民族精神，形成文化創新機制，吸收現代文明的一切成果；弘揚多元文化觀、民主價值觀、現代道德觀。

　　十八大提出的全面深化改革，習近平總書記提出的「四個全面」，表明中國社會主義制度正在走向完善，但完善是相對的，是隨著時代發展不斷更新的。社會主義制度的完善需要幾代，十幾代，甚至幾十代共產黨人的努力。

第四章 社會主義制度在全世界發展的成熟時期

從湯瑪斯開始的社會主義理想藍圖的提出到現在，已有五百餘年，隨著中華民族偉大復興的中國夢的實現，率先在世界上建立體現社會主義優越性的榜樣國家，從而推動世界社會主義運動步入正軌。

　　隨著民主浪潮興起與科技發展加快，各國和各大洲之間加快融合，科學社會主義發展得更加成熟。未來一兩百年，將是資本主義日趨衰落，社會主義世界夢輝映成真的時代。

第一節　富強民主的中國夢

一、讓中國再當「世界首富」

（一）「中國夢」與「美國夢」比較

不是每個國家都有資格做夢，只有命運掌握在自己手中，有足夠大的時空去想像，有實力和自信去實現，才能自己做自己的夢。所以敢以國家來「做夢」的只有中國和美國這樣的大國。

先讓我們再重溫一下「中國夢」和「美國夢」的具體內容。

實現全面建成小康社會、建成富強民主文明和諧的社會主義現代化國家的奮鬥目標，實現中華民族偉大復興的中國夢，就是要實現國家富強、民族振興、人民幸福。

——習近平在第十二屆全國人民代表大會第一次會議上發表的重要講話

讓我們所有階層的公民過上更好、更富裕和更幸福的生活的美國夢，是我們為世界做出的最偉大貢獻。

——摘自詹姆斯・亞當斯的《美國史詩》

中國夢與美國夢的不同是必然的，這是由歷史、文化、經濟、地理等因素決定的。兩者的差別及其原因可以概括為如下七點。

1. 中國夢是國家的富強，美國夢是個人的富裕

自古以來，中國的周邊環境極為險惡，幾次被其他民族征服蹂躪。國家的富強是人民安居樂業的前提和保障，所以中國夢必須把「國家富

強」放在第一位，將家庭和個人的幸福放在第二位。

較之中國，美國具有巨大的地理優勢，三面環海，四面無強敵，易守難攻，建國時就是一霸，歷史上從未受到其他國家的侵略征服，倒是常常主動出擊掠奪他國資源。所以美國人一直沒有國家安全之憂，人民可以專心做自己發財致富的夢。

2. 中國夢是為了民族振興，美國夢是為了個人成功

中國是以漢族為主體的多民族國家，各民族統稱為中華民族，自古以來患難與共，休戚相關，對這塊熱土懷有十分深厚的感情。大家有一個共識：民族孱弱，任人欺凌，個人的尊嚴就會喪失，生命財產得不到保護，哪有幸福可言？

美國的種族情況遠比中國複雜，黑白兩極對立，黑人長期受歧視。美國是個移民國家，人們沒有鄉土依戀，缺乏民族觀念，自然也就只談個人的成功。

3. 中國夢由自己實現，美國夢利用他國人才資源達到

中國是人口大國，不可能靠大量引進外來人才發展自己，所以習總書記強調「實現中國夢必須走中國道路」，「實現中國夢必須弘揚中國精神」，「實現中國夢必須凝聚中國力量」。

「美國夢」的概念可以追溯到《獨立宣言》，強調天賦人權，每個人都可以靠自己的能力獲得成功。這對那些小國民眾具有極大的吸引力，誘惑他們、鼓勵他們來美國冒險。歷史上，美國多次利用其他民族的人民來發展自己的國家。

4. 中國夢是群體的和諧幸福，美國夢是個人的自由快樂

中國人自古就有「家國」概念，群體意識很濃，講究「家和萬事興」。社會和諧，家庭關係和睦，人人安康，自己才能幸福。所以中國人的幸福是群體意識。家庭內幸福共用，國家內幸福也共用。

習總書記用三個「共同」來描繪中國夢的願景——共同享有人生出

彩的機會，共同享有夢想成真的機會，共同享有同祖國和時代一起成長與進步的機會。

歐美文化則強調個人主義，追求個人的自由和快樂。

5. 中國夢具有縱深歷史感，美國夢只有現實的體驗

實現中國夢的自信中有相當一部分來自歷史。中華民族具有五千年的文明史，歷史上多次強盛，曾是世界上最富強的國家。西方一些國家擔心中國崛起，就是源於歷史因素。一個歷史上從沒有強盛過的小國，即使吆喝得再厲害，別人也只會當作笑話。習總書記「實現中華民族偉大復興的中國夢」用了「復興」這個詞，透露著樂觀和自信。

美國只有兩三百年的歷史，自從建國起，靠利用其他國家的資源和人才逐漸變成一個超級大國，所以它的夢是把現實延續下去，不讓挑戰它的力量出現，一直可以做自己的美夢。

6. 中國夢依賴群策群力，美國夢依靠個性張揚

實現中國夢，要凝聚大家的力量，靠集體的意識，集體的力量，集體的智慧，靠全民族強大的合力來實現。縱觀歷史不難發現，中華民族是個優秀的民族，也是個喜歡折騰的民族，發展一段，折騰一段。要實現夢想，就必須統一大家的意識，明確一個目標，勁兒往一處使，心往一處想，群策群力實現中國夢。

美國自其建國起就走務實道路，簡單追求個人富裕幸福。

7. 中國夢為了民族光榮，美國夢為了個人榮耀

中國自鴉片戰爭以來，領土被侵占，人民被踐踏，生靈塗炭，民不聊生，次次大災難都是民族的創傷。多少仁人志士拋頭顱、灑熱血，就是為了民族有尊嚴，國家安全，人民可以安居樂業。

「今天，我們的人民共和國正以昂揚的姿態屹立在世界東方。」習近平總書記這句話擲地有聲。沒有這種歷史痛楚的國家很難理解中國人這種渴望。

美國就沒有這種痛，所以它也不會做這種夢，因而，美國夢強調的是個人的富裕、成功和社會地位的提高。

由以上的分析可知，「中國夢」是根據「中國腳」量身定做的「一雙鞋」。生活在中國，就應該通過實幹來實現自己的夢想。

（二）讓中國再當「世界首富」

二○一四年八月，英國《經濟學家》週刊網站發表題為《捕捉老鷹》的文章稱：不到二○○年前，中國還是全世界最大的經濟體。中國GDP從可以統計經濟資料的西元元年起，直到西元一八二○年，漫長的歲月，眾多的朝代，光輝燦爛的古代文化，引領全球的科學技術，經濟繁榮，無與倫比，一直是無可爭議的「世界首富」。中國這只「老鷹」有時飛得比「雞」低，但是一千八百多年以來世界各國的「雞」們，卻從來飛不到中國「老鷹」的高度。

《捕捉老鷹》這篇文章根據已故經濟學家安格斯‧麥迪森的計算，將中國各朝代的金銀貨幣價值，按購買力平價換算成美元之後做出估計：

中國GDP從西元元年，漢平帝元始元年的二六八億美元，到西元一○○○年宋真宗咸平三年的二六五億美元，中國GDP總量占世界GDP比例從百分之二十六到百分之二十三，千年中世界第一。

到西元一三○○年，元成宗大德四年的六百億美元，說明宋元時期中國經濟的繁榮。再到西元一五○○年，明孝宗弘治十三年的六一八億美元，占世界GDP比例為百分之二十五。再到西元一六○○年，明神宗萬曆二十八年，中國GDP為九六○億美元，占世界GDP比例為百分之二十九。

到西元一七○○年，清聖祖康熙三十九年，中國GDP為八二八億美元，占世界GDP比例為百分之二十二。再到西元一八二○年，清仁

宗嘉慶二十五年，GDP為二二八六億美元，占世界GDP比例為百分之三十三，達到歷史上的最大值。

從西漢到清朝，中國GDP保持了一千八百多年的世界第一。

麥迪森教授說，到了十九世紀，隨著工業革命推動歐洲和美國崛起，西方殖民者侵入中國，從鴉片戰爭開始，中國社會走向動亂，國民生產總值占世界GDP的比例逐年下降。十九世紀中葉，英國取代中國成為全球最大經濟體，二十餘年後到一八七二年，美國超過英國成為最富裕的國家。

到了二十世紀，由於遭受侵略、內戰等原因，中國情況更加糟糕，經濟一落千丈。中國在一九四九年之後奮起直追，現在，得益於過去三十五年的市場改革，中國重新成為全球最大經濟體只是時間問題。該刊經過分析並制定圖表得出結論：中國國民生產總值將於二○二一年超越美國，成為世界最大經濟體。

不到兩個月，二○一四年十月十日，又一條消息照亮了我們的眼睛：世界銀行宣布，中國經濟規模超越美國。國際貨幣基金組織的統計顯示，以購買力平價計算，美國二○一四年國內生產總值為十七點四萬億美元，而中國則達到了十七點六萬億美元，成為全球最大經濟體。很多人認為，與不同貨幣之間的匯率相比，購買力平價的演算法比較客觀公平。

《瑞典日報》的報導指出，中國經濟最近三十年的經濟增長率都在百分之十左右。在十三年前，中國購買力平價超過了日本，成為世界第二大經濟體；四年前，成為世界最大出口國。

面對中國將要超越美國，歐巴馬不甘心，他宣稱「美國要做世界未來一百年的領袖」。中國外交部發言人秦剛回應說，中國在歷史上也曾經做過世界老大，並且還不止一百年。中國在歷史上有過興衰的經驗和教訓。我們今天牢記兩千多年前中國的一部史書《左傳》中所說的：

「禹、湯罪己，其興也勃焉；桀、紂罪人，其亡也忽焉。」

　　中國中學課本一直收錄漢代賈誼寫的《過秦論》，告訴後人兩千多年前盛極一時的秦朝之所以如此之快地滅亡，是因為「仁義不施，而攻守之勢異也」，這句讓人刻骨銘心的話，使我們不斷告誡自己，要適應和平發展的歷史潮流，才能保持國家的長治久安。

（三）「世界首富」的擔當和責任

　　美國當世界首富已經有一百五十年了，它盡沒盡到世界首富的責任呢？沒有。美國也在到處撒美元，但它都是附有條件的。

　　中國的世界首富是在一窮二白基礎上辛勤勞動得來的。它會證明社會主義的優越性，會讓世界上的發展中國家的人民重新思考一個問題：是跟著美國走？還是跟著中國走？

　　一八七二年，美國超過英國成為世界首富，作為資本主義國家的老大，美國仍然沒有改變其掠奪與剝削的本質。美墨戰爭，奪占了弱國墨西哥大片土地和豐富資源。美西戰爭，黑吃黑搶走了西班牙殖民地，繼續奴役殖民地人民。在兩次世界大戰中左右逢源痛打落水狗，搶到了巨額的戰爭紅利。

　　戰後美國建立布雷頓森林金本位體系，控制了世界金融，成就了美國資產階級壟斷集團的金元帝國。後來卻單方面宣布與金本位脫鉤，隨意量化寬鬆濫發紙幣，用貨幣戰爭掠奪世界各國的財富。

　　中國成為世界首富之後，肯定會有世界首富的擔當。中國會努力幫助第三世界國家發展經濟，互助互利，而絕不會去掠奪剝削他們，也會和第二世界的國家建立有益的經濟連繫，建立互相協作的戰略夥伴關係。中國還會盡到世界首富的責任，力所能及地繼續提供無償援助，救助亞非拉窮兄弟。

　　當然，送人以「魚」，不如授人以「漁」，能夠腳踏實地幫助窮國

弱國建設基礎設施，扶持它們的社會公有經濟走上正軌，這才是雪中送炭的幫助。

這並非是顯示中國的大方，而是要證明一個道理：掠奪致富不是長久之計，終會花光用盡；只有社會主義的辛勤勞動之路，才是共同富裕的唯一途徑。

二、積極防禦的軍事外交策略

東西方文化有著很大的差異，東方文化是封建社會發展到成熟階段的農業文明的產物，推崇道義，安於現狀，主張共同的和諧；西方文化是資本主義處於上升時期的工業文明的象徵，崇尚力量，鼓勵競爭，爭取獨占的利益。當東方文化對西方文化講和諧，西方文化只會認為其軟弱無能。

（一）消極防禦的花，結出苦果

消極防禦者總想向狼講道理，想要以理服狼，但是你只想做一頭溫和的牛，狼會聽得進去嗎？你有力量就必須使用力量，有力量不使用就等於沒有力量，誰都可以欺負你。

歷史上，採取消極防禦還是積極防禦，戰略指導思想的正確與否，會帶來完全不同的結果。

北宋統一全國之後，開始了收復幽雲十六州的戰爭。戰爭的失敗，使宋朝北伐的意向從此泯滅，自上而下都喪失了與遼軍戰鬥的勇氣，失去了收復幽雲十六州的信心，對遼由主動進攻轉為消極防禦。

趙光義篡權奪位後，忙於鞏固自己的地位，以文官節制統轄全國軍隊，失去軍魂沒有血性的軍隊就是烏合之眾。

以後的歷代皇帝，不顧外敵在側，重文輕武，整個國家經濟繁榮、

實力雄厚，卻對外消極防禦，用每年三十萬兩白銀買來了澶淵之盟，助長了遼金侵略者更大的貪欲和野心，國家失去了和平與安寧。

靖康之難後，繼位皇帝不思光復故國，反而殘害和打擊堅持帶兵抗金的岳飛和韓世忠，南渡以避金。溫水煮青蛙，終於導致子孫亡國。

這就是消極防禦的花，結出的苦果。

（二）積極防禦的路，通向坦途

毛澤東在敵強我弱的情況下，在中國革命戰爭的實踐中，經過總結經驗教訓，逐步形成了積極防禦的軍事思想。根據中國革命戰爭的特點，吸取古今中外積極防禦思想的精華，創造出具有中國革命戰爭特點的一種戰略上的積極防禦策略。

歷史上也曾有成功的積極防禦。漢武帝面對匈奴的強大軍事壓迫，採取了發展經濟，增強國力，北守南攻的正確戰略。首先整合全國力量，實行「推恩令」，削弱地方勢力，加強中央集權，進而平定七國之亂，建立了一支強大的軍隊。

然後派出唐蒙為使節，以軍事力量為後盾，輔之以有效的政治經濟手段，先後安定和收復了南方少數民族建立的若干小國。同時著力發展全國經濟，開荒種地發展商貿，社會逐漸富裕起來，糧食滿倉牛馬成群。

在軍事和經濟力量超過匈奴後，漢武帝毅然集中全國的軍力、財力，從戰略防禦轉向戰略進攻，以「明犯強漢者，雖遠必誅」的雄才大略，經過數十年的舉國戰爭，最終打敗了匈奴。

毛澤東積極防禦的軍事思想，非常適合中國應對國際形勢。積極防禦戰略應該成為中國現在和未來一段時間內，應對國際敵對勢力的軍事戰略方針。中國面對挑戰，消極防禦只能節節敗退，被敵人全面包圍，積極防禦才是正確選擇。

1. 有理、有利、有節的鬥爭原則

現在國際形勢錯綜複雜，需要整合力量應對挑戰。整合不當，可能將朋友推向敵方；整合得當，可以消滅敵方士氣，瓦解敵方陣營。整合過程中的有理、有利、有節非常重要。

二〇一四年十二月，華盛頓國際戰略研究中心高級顧問克里斯多夫・詹森撰文稱，習近平在中央外事工作會議上的講話已清楚顯示，中國正快速摒棄鄧小平的「韜光養晦」原則。

詹森認為，習近平有關中國必須有自己特色的大國外交的講話，是在對外表明中國已然成為大國，因此應該表現出大國的姿態。蘭德公司的希斯也認為，隨著中國對周邊外交的日益重視，它對西方插手其利益問題的容忍度將降低，對維護核心利益的能力及改革國際秩序的自信將提升。

二〇一五年五月，美國官員稱，為宣示南海航行自由，考慮派軍艦和軍機進入中國在南海擴建島礁的十二海里海域以內。對此，中國海空軍表態立即驅離，若遇侵犯中國領海領空，堅決反擊！

2. 策略方針上的以柔克剛

中國目前的綜合實力還弱於對方，在所有方面都硬碰硬是不可取的，也不現實。在一般策略上，必須以巧破拙，以柔克剛。

中國有著五千年文明史，諸如三十六計的策略數不勝數，到近代卻僵化了思想。談到以柔克剛，還是以普京為例。二〇一三年六月，西方七國在G8峰會上圍攻普京，想要公開出兵敘利亞，普京輕飄飄一句話：「你們想支持吃人者嗎？」七國首腦像是重拳打向虛空，渾身難受卻無言以對。

3. 戰略防禦中的重點反攻

總體是防禦，也必須抓住有利時機，以重點和要點上的反攻來消解對方力量，增強己方防禦。

二〇〇八年，俄羅斯面對格魯吉亞的輕敵冒進，打了個漂亮的反擊戰，遏制北約東擴，鞏固了俄羅斯的戰略防禦態勢。中國去年也抓住日本右翼的盲目冒進，將對釣魚島的戰略從擱置爭議成功轉換到巡航控制，掌握了釣魚島的戰略主動權。

中國實行積極防禦的軍事外交政策，敵不犯我，我不犯敵，敵若犯我，我就把敵打痛。

在積極防禦的同時，中國永遠不做超級大國，因為中國的國家制度決定，從來就不需要做超級大國，會是周邊小國最友好的朋友。

三、在中國鞏固和發展社會主義制度

（一）堅持走社會主義道路永不動搖

黨的十七大報告宣布，鞏固和發展社會主義制度需要幾代人、十幾代人甚至幾十代人堅持不懈地努力奮鬥。

在這長達幾百年的奮鬥過程中，我們要堅持黨的領導，繼續完善社會主義國家制度，完全發揮社會主義的優越性，耐心細緻地整合全民族的思想和意志，將所有社會力量凝聚起來，左右結合，上下互動，形成一種不可阻擋的社會推動力。

1. 全力支持、堅決維護共產黨的領導

中國人民為什麼信任共產黨，擁護共產黨的領導呢？這是因為中國共產黨有著堅定的信仰，英勇犧牲了上百萬黨員，挽救了中華民族。中國人民認識到：共產黨是大救星，社會主義制度是為人民謀利益的好制度。

社會主義制度剛建立而沒有完善監督機制時，共產黨並不是上天指定的天然領導者，也可能腐化變質轉向人民的對立面。蘇聯社會主義挫

折，就是蘇共以加強黨的領導地位為由，拒絕接受人民民主監督，以致不可避免地腐化變質，出現民眾雖然嚮往社會主義，卻不得不捨棄蘇共的結果。

中國社會主義制度完善以後，各種監督機制能夠充分保障中國共產黨不會腐化變質，能夠發揮社會主義領導核心的中堅和模範作用。面對與資本主義的反復較量，社會主義國家必須要有堅強的領導核心，所以，中國人民必須全力支持、堅決維護中國共產黨的領導。

2. 繼續完善社會主義制度

中國社會主義制度建立半個多世紀以來，西方資本主義對社會主義的質疑就一直沒有停止過。二〇五〇年以後，中國社會主義國家制度基本完善，會用社會主義健康發展的事實，讓資本主義國家明辨是非。

到那時，社會主義將會在世界的政治、經濟發展格局中贏得話語權。中國「一帶一路」宏偉規劃的實施和亞洲基礎設施投資銀行的建立，就是這個長達百年漫長轉變的開始。

習近平總書記表示，沒有堅定的制度自信就不可能有全面深化改革的勇氣，同樣，離開不斷改革，制度自信也不可能徹底、不可能久遠。

就是到了社會主義制度相對完善之後，也不能故步自封，必須適應不斷變化的國內和國際情況，繼續完善社會主義制度，回擊資本主義在政治、經濟和軍事上的各種挑戰，牢牢把握住社會主義在全世界發展的主導地位。

3. 堅持走共同富裕道路

繼續完善社會主義制度的目的，就是要在全社會基本實現共同富裕之後，繼續努力發揮全國人民創造財富的積極性，不斷解決發展中的問題，縮小經濟發展的地區差別，城鄉差別，腦體勞動的差別，用不斷檢驗之中越加成熟的制度，完全實現社會主義的共同富裕。

要堅持社會主義基本經濟制度和分配制度，加大再分配調節力度，

應該努力抓好以下幾個方面。

一是要充分發揮公有制經濟對國民經濟的主導作用。努力做到居民收入增長與經濟增長同步，勞動報酬增長與勞動生產率提高同步，切實提高居民收入在國民收入分配中的比重，提高勞動報酬在初次分配中的比重，不斷提高全體居民特別是低收入群體的收入水準。

二是要加快稅收體制改革，建立有利於社會公平的稅收制度，對過高收入進行有效調節。讓一切創造社會財富的源泉充分湧流，不斷擴大中等收入者隊伍，儘快形成「兩頭小、中間大」的橄欖形分配格局。

三是嚴厲打擊以權謀私、官商勾結、走私販私、假冒偽劣等違規違法行為，堅決取締各類非法收入，維護社會公平正義。

四是完善社會保障制度，擴大社會保障覆蓋面，切實保障困難群眾的基本生活，確保他們有飯吃、有衣穿、有房住、上得起學、看得起病。

五是鼓勵先富起來的人承擔更多的社會責任，積極開展民間自願捐助活動，健康有序地發展社會慈善事業。

（二）相對完美的社會治理模式

中國社會主義在完善制度過程中，要不斷總結發展中的經驗教訓，學習他國經驗，儘量建立完善相對完美的社會治理模式。

社會主義完美嗎？社會主義將社會基礎從私有制轉變為公有制，從而奠定了社會平等的基礎。社會主義實行按需生產，按勞分配，就可以保證經濟平衡發展，不會有經濟危機發生。

但是理論上的完美並不等於實際過程中沒有問題。根據馬克思的設計，社會主義應該出現在資本主義高度發展的國家，但是目前世界上的社會主義卻偏偏出現在封建落後國家，這就導致了先天不足。社會主義創造了無與倫比的社會平等，但卻不能調動人們的生產積極性，導致生

產效率低下。

資本主義完美嗎？資本主義在創造財富方面是難以匹敵的，競爭機制導致科技的迅速進步，科技革命引發的產業革命導致人類財富呈現幾何級數的增長，由此徹底改變了世界。

但是資本主義有著兩大致命的弱點。

第一個致命弱點是社會不平等。資本主義在創造財富的同時，也創造了貧窮。根據亞當·斯密的設計，資本主義的驅動力是利己主義，如屠夫和麵包師為我們提供食物，不是出於他們的善良，而是出於他們的自利。然而在實際過程中，資本主義充滿爾虞我詐和社會財富分配不平等的現象。

第二個致命弱點是供需不平衡，表現為經常性的經濟危機。亞當·斯密認為，這個問題不應該發生，因為資本主義經濟是一個可以自我調節的體系，不需要外在干預。然而在實際發展過程中，這架機器經常發生故障。

福利主義完美嗎？福利主義是指第二次世界大戰以後歐洲國家逐步形成的資本主義與社會主義的混合體制，其特徵是在效率與平等之間尋求一種平衡，用社會主義修正資本主義。

二戰以後資本主義在歐洲形成了以高工資、高福利為特徵的福利主義體制。資本主義的問題是否得以解決了呢？遺憾的是並沒有，社會不平等和週期性經濟危機依然存在，高福利，低效率。福利主義成為經濟發展的累贅，導致經濟衰退和債務危機。

蘇聯和東歐的危機，使社會主義的基礎發生了動搖。中國提出了社會主義市場經濟體制的改革方案，即在社會主義框架內，引進市場和競爭機制，讓一部分人先富起來，以此調動人們的積極性，提供生產效率，增加社會財富。

經過三十多年的改革開放，中國取得了巨大成就。到二〇一四年，

中國GDP已經超過十萬億美元，成為世界第二大經濟體，人均GDP達到七千多美元。中國改革開放的成功堪比美國羅斯福新政對於資本主義的拯救。

這是否意味中國社會主義改革已經取得巨大成功，中國找到了最理想和最完美的社會治理模式呢？

事實並非如此，中國引進市場機制，社會財富增加，但是又產生新的問題。首先是加劇社會不平等，一部分人先富起來，卻拉大收入差距。供應不足問題解決了，又產生內需不足問題，這成為中國經濟持續增長的瓶頸，中國正在染上資本主義的毛病：不平等與有效需求不足。

中國應該如何定位自己的發展模式呢？中國不能因為現在的貧富懸殊，再回到過去絕對平等的年代。資本主義也不是中國應該選擇的方向，歐洲福利主義也不是。中國唯一可以選擇的只能是效率與公平的另一組合，即效率優先，兼顧公平。效率與公平是決定發展模式的槓桿，如何在公平中注入一些合理性，在效率中注入一些人道，從而保持社會和諧發展，關鍵在於把握效率與平等的槓桿原理和作用，使之成為駕馭和治理社會的控制器和方向盤。

相對完美的社會治理模式應該是既能確保經濟的發展，同時又能保持社會的公平，在效率與公平之間形成一種近乎完美的平衡。效率與公平的最佳結合點和平衡點在哪裡呢？

美國經濟學家亞瑟‧奧肯的答案是「效率優先，增加平等」。就是在經濟增長的前提和基礎上，增加工資和社會福利，先有市場效率這塊蛋糕，然後相對平等地分享它。如果一定要用數字表達的話，那就是百分之六十是效率，百分之四十是平等，這一選擇可能也是中國社會主義經濟制度相對最好的選擇。

應該說，中國未來發展的最大優勢，是已經完善而又隨著社會進步和世界變化再繼續微調的社會主義制度，是共產黨從上到下的堅強領導

和人民群眾從下到上的合理監督有機結合的政治經濟體制。這可以及時有效地調整效率和平等的關係，既注重效率，又相對平等，能夠形成推進社會前進的巨大合力，戰勝由於基本矛盾不斷激化而處於衰落中的資本主義國家。

（三）全面建成社會主義的榜樣國家

當社會主義國家制度在中國發展完善之後，中國就像一座緩緩隆起的高山，俯視著四周的大地，散發出無限的影響力。

她是世界上最大、最富有的經濟體，傲立於世界民族之林。

經過全面社會改革，建立起了完善的「決策權、執行權、監督權既相互制約又相互協調」的權力結構和運行方式，共產黨決策正確，政府高效廉潔，人大監督到位，鼓勵個人向社會多做貢獻，而又適當限制合理的高收入，形成富裕的中等收入階層。豐厚的資金用於民生福利，社會保險、醫療保險、教育保險全部完善，人民的生活水準大幅提高，國土上全面消除貧窮但又不養懶人。中國社會主義成了周邊國家的榜樣。

我們該怎樣向世界各國人民宣傳社會主義呢？不需要刻意宣傳，因為中國尊重別國主權，只輸出資金技術、平等互利，不向別國輸出革命。我們對外戰略方針是：不樹敵，不對抗，不結盟，不擴張；多交友，多合作，多助人，多輸出產品；積極推進全球綜合治理，攜手克服人類當前危機。

我們只需要將中國建設得更美好。那時的中國，既是世界首富，又沒有世界首富的霸道，法制完善，民主通暢，政府高效廉潔，人民生活幸福，那就是為世界人民實現的社會主義的完美形象，成為共產主義性質的榜樣國家。中國成為世界上最富裕、最強大的國家，成熟的社會主義制度的對外影響力會越來越大。

所以，只要腳踏實地幫助亞、非、拉的欠發達國家發展經濟，高大

上的魅力就無法阻擋。中國的榜樣擺在面前，昭示著世界必然往社會主義方向發展。

　　受中國幫助最多，影響最大的欠發達國家的人民會如何選擇？他們當然選擇走向社會主義。

第二節　世界社會主義發展高潮必然到來

一、經濟合作共抗霸權的「一帶一路」宏圖

（一）五項原則為基礎，扶弱濟鄰

和平共處五項原則於一九五三年底由周恩來總理在接見印度代表團時第一次提出，是在建立各國間正常關係及進行交流合作時應遵循的基本原則。

其內容是：互相尊重主權和領土完整，互不侵犯，互不干涉內政，平等互利，和平共處。在和平共處五項原則提出後的幾十年間，中國不帶任何政治條件，向世界上很多弱小國家提供經濟援助。

中國對外援助資金主要有三種類型：無償援助、無息貸款和優惠貸款。

在過去的六十年裡，中國派遣了六十多萬援外人員，培訓了近一千二百萬受援國各類人才和專業人員。中國對外援助資金的百分之五十投入受援國減貧、教育、衛生、體育文化等民生領域。

二〇一〇年至二〇一二年，中國對外援助規模持續增長，援助總金額為八九三億元人民幣。亞洲和非洲作為貧困人口最多的兩個地區，接受了中國百分之八十以上的援助，而且中國還為無力還債的非洲國家免除了很多貸款。

在改善基礎設施上，中國援建了一五六個經濟基礎設施項目。其中

包括七十個交通運輸項目，包括機場、港口等；二十餘個能源項目，包括水電站、熱電站等；還援建了六十餘個資訊化專案。中國良好的國際形象深入人心。

（二）援助與合作的「一帶一路」宏圖

二〇一三年九月，習近平在訪問哈薩克時提出了構建「絲綢之路經濟帶」。二〇一三年十月，習近平又在出席亞太經合組織領導人會議期間提出，中國願意同東盟國家共同建設「二十一世紀海上絲綢之路」。這就是「一帶一路」說法的正式由來。

目前中國內需不足、產能和外匯資產過剩，基礎設施及部分產業有優勢，而新興市場國家和欠發達國家的基礎設施建設欠缺，中國的過剩產能走出去，實際也是中國經濟轉型的最佳選擇而雙贏。

為了將扶弱濟鄰的經濟援助做到最好，中國制定了宏大的、將在未來幾十年實施的「一帶一路」經濟援助宏圖。

今後的對外援助工作將重點突出在四個方面。

第一，根據國家整體戰略需要和受援國需要，加大對「一帶一路」沿線和周邊重點受援國的援助力度。新增援助資金主要向「一帶一路」沿線國家和周邊國家傾斜。

第二，圍繞「一帶一路」的戰略規劃，重點實施一批重大戰略專案，推進中國與周邊國家的互聯互通。既包括公路、鐵路、港口，也包括能源、運輸線路、電信、網路基礎設施的互聯互通。

第三，在「一帶一路」沿線和周邊國家重點推進民生專案，援助重點是投向扶貧、減災、職業教育、農業發展等能夠使廣大受援國民眾直接受益的援助領域。

第四，加強與周邊及「一帶一路」國家的人力開發合作，促進與這些國家的人文、教育、科技領域的交流研討，擴大派遣援外志願者。總

趨勢是從基礎設施建設到民生「輸血」過渡。

規模宏大的援助，把習近平主席訪問亞太地區提出的「亞太夢」落到了實處。

（三）團結合作共抗帝國主義霸權

二〇一五年九月下旬，習主席訪問美國，然後參加聯合國發展峰會，取得了豐碩成果。

中國國家主席習近平首次訪問聯合國總部，並在聯合國成立七十周年發展峰會上，發表題為《謀共同永續發展　做合作共贏夥伴》的重要講話，強調國際社會要以二〇一五年後發展議程為新起點，共同走出一條公平、開放、全面、創新的發展之路，努力實現各國共同發展。習主席在講話中對世界發展問題進行了全面、深入的闡述，就世界應該如何發展提出了中國理念、中國方案。

習近平強調，當今世界，各國相互依存、休戚與共。要構建以合作共贏為核心的新型國際關係，打造人類命運共同體。歡迎各國搭乘中國發展的順風車，實現共同發展。堅定支持增加發展中國家、特別是非洲國家在國際治理體系中的代表性和發言權，中國在聯合國中的一票永遠屬於發展中國家。

習主席訪美和在聯合國取得的巨大成功，充分展現了中國近年來的經濟發展成就，體現了中國人民植根於社會主義理想信念的制度自信。

首先，中國要繼續堅持和俄羅斯等國背靠背的戰略協同關係，深入幫助第三世界國家和一般資本主義國家的經濟發展，努力增加與各國民主社會主義黨的互助合作，共同組成反對帝國主義霸權的國際統一戰線。

其次，積極防禦不是主動進攻，也可以增加和帝國主義國家的經濟連繫，合作雙贏。資本主義不會因此而擺脫衰落，社會主義卻從中增強

自信。

　　再次，保持對國際帝國主義霸權本性的警惕，尤其要防範和打壓新法西斯，還要警惕帝國主義的貨幣戰爭。

　　無論是全球氣候還是伊朗、朝鮮核問題等，中美都需要合作，而且合作會越來越深入。但我們必須保持清晰的頭腦，對美國的資本主義剝削制度、帝國主義軍事與經濟侵略的本質、冷戰思維的模式，要有清醒的認識。帝國主義為了經濟利益，可以發動經濟的侵略手段，貿易談判、貿易規則和標準，都只是具體的手段而已。當經濟手段不能解決問題之時，他們選擇軍事干涉是必然的結果。

　　現在的世界，正是社會主義深入發展和資本主義由盛轉衰的時代，資本主義強國雖然極力加強軍事力量，卻越來越控制不了世界。中國堅定支持發展中國家，成為發展中國家的代言人正當其時，構建團結合作共抗帝國主義霸權的統一戰線，既是為了世界社會主義的發展，也是為了我們自己強國富民。

二、社會主義公有制對比資本主義私有制

（一）社會主義的平等合作對比資本主義的掠奪剝削

　　社會主義公有制好在什麼地方？資本主義私有制差在什麼地方？非洲貧窮小國的人民在思考，拉美發展不起來的中等收入陷阱國家的人民在思考，與中國同時從一窮二白起步的印度、孟加拉人民在思考，全世界有一百多個資本主義國家和地區，為什麼發達國家只占很小比例，絕大多數處於落後、貧困狀態？

　　現實生活中，人們常常提出這樣的問題：既然社會主義制度比資本主義更具優越性，為什麼到現在為止，社會主義國家還趕不上發達資本

主義國家？

對這個問題，要作具體的歷史的分析。

首先，不能只將社會主義與發達資本主義比，而將廣大發展中的資本主義國家排除在外。全世界有一百八十多個資本主義國家和地區，發達國家只占很小的比例，絕大多數處於落後、貧困狀態。

尼加拉瓜有位叫卡德納爾的神父提供了一個看待這個問題的新視角。一九九四年他在墨西哥《美洲紀事》雜誌上撰文說：「新聞界得意揚揚地在全世界宣布社會主義的失敗，但是他們不提資本主義的更大的失敗。資本主義只在世界百分之十或百分之二十的人口中取得了成功。對於第三世界，對於占人口大多數的窮人來說，資本主義是災難性的，而資本主義的失敗先於社會主義的失敗。」卡德納爾神父還從宗教的角度說：「馬克思主義和耶穌的主張是一致的，那就是推翻人壓迫人的制度，在大地上建立一個人人平等、友愛互助如一家的天國。」

其次，對客觀事物要正確地使用對比，對比對象要有可比性。社會主義國家與發達資本主義國家之間，正是缺乏可比的基礎。

一是經濟發展起點不同。首先取得社會主義勝利的國家，所承受的是封建的甚至是殖民地、半殖民地的爛攤子，這同資本主義經過數百年掠奪積累起來的「資本巨富」差異懸殊。

二是發展經濟的手段不同。資本主義的歷史，是一部充滿血腥的骯髒發跡史。正像馬克思所說，資本來到世間，從頭到腳，每個毛孔都滴著血和骯髒的東西。即使在今天，他們仍然憑藉技術和資本的壟斷優勢，對發展中國家進行不平等交換，從中攫取巨額財富。而社會主義的發展，主要依靠本國人民自力更生，艱苦奮鬥。

三是經濟發展的時間長短不同。從第一個社會主義國家建立至今，只有八十多年的歷史，大多數社會主義國家不過四五十年歷史，處於發展的初期，它的經濟、政治和社會運行機制尚未發育健全，如何發揮社

會主義的優越性還在艱苦探索中。

而資本主義已有三百六十多年的歷史，積累了雄厚的基礎和豐富的經驗。即便如此，全世界實行資本主義制度的國家中，進入發達國家行列的也不過二十來個，特別是二十世紀新獨立並走上資本主義道路的國家，很少進入「富國俱樂部」。

四是發展環境不同。社會主義國家從建立之日起，就受到世界資本主義的經濟封鎖、軍事包圍乃至武裝侵略，發展環境十分險惡。

而資本主義國家則不一樣。當資本主義大發展之時，從世界範圍看，封建制度已經徹底衰落，國際環境對資本主義發展十分有利。

兩相比較，社會主義所取得的成就愈顯珍貴和不易。如果我們把只有幾十年發展歷史、處於幼年時期的社會主義同經過幾百年發展的發達資本主義國家相比，是不公正的。把處於初級階段的社會主義與將來要達到的理想目標相混淆，以理想化的社會主義來苛求現實中的社會主義，這也不是歷史唯物主義的科學態度。

社會主義是通過全體國民共同擁有生產資料，用適當適宜的制度激勵讓大家發揮生產積極性，辛勤勞動創造財富。各國之間通過平等合作，互通有無，多勞多得，努力創造財富，交換商品，最終達到共同富裕。

資本主義則是少數富豪擁有生產資料，剝削勞動者，壟斷商品經營以獲取高額利潤，國內受到一定的民主限制，使資本主義制度還存在生命力。但對國外，資本主義則是赤裸裸的掠奪剝削，由於第三世界國家還沒有成熟制度，資本主義強國的跨國集團在第三世界國家或投資設廠，或商品傾銷根本不受限制，掠奪剝削大量財富，使第三世界後立國的資本主義國家或發展不起來，或進入「中等發達國家陷阱」。為了掠奪順利，再施以「民主」愚弄。

長此以往，第三世界國家的人民終將認清資本主義的本質就是「劫

貧濟富」。第三世界國家的人民拋棄資本主義那天，就是全世界資本主義的衰落之時。

（二）社會主義的公平與效率對比資本主義的效率附加公平

公平，是指如何合理分配社會經濟活動中的各種利益關係。效率，是指人們工作所消耗的勞動量與所獲得的勞動成果的比率。公平或平等不等於收入均等或收入平均。

「公平與效率」是人類經濟生活中的一對基本矛盾，這種矛盾與社會制度沒有必然的連繫。過分強調效率損害公平，反過來會影響效率；過分強調公平會損害效率也會影響公平。公平與效率在市場經濟自身的作用機制是無法得到統一的，只有不斷動態調整，才能減少衝突，促進經濟的發展和社會穩定。

社會主義基礎是社會公有制，計劃經濟與市場經濟相結合，按需生產，按勞分配，這樣就可以保證經濟平衡發展，在發展和經濟增長的前提和基礎上，增加工資和社會福利。

資本主義在創造財富方面難以匹敵，主張天賦人權，在歷史上是進步和文明的象徵。但是資本主義有兩大致命弱點：一是社會不平等，在創造財富的同時，也創造了貧窮；二是單純市場經濟供需不平衡，表現為經常性的經濟危機。

社會主義的共同富裕思想體現了公平與效率的辯證統一關係。

社會主義要講效率，也要講公平，效率與公平是相互依存、辯證統一的。發展生產讓一部分人先富起來，這是效率優先，財富積累多了再提高社會福利兼顧公平。社會主義國家的管理者本身並不代表先富起來的人，所以雖有一時的貧富懸殊，但最終能夠通過全面改革完善國家制度，實現相對的社會公平。

二戰以後的資本主義國家面對日益惡化的社會貧富差距，擴大財政支出，提高社會福利。資本主義的問題是否因此得以解決了呢？遺憾的是並沒有，社會不平等和週期性經濟危機依然存在。

　　二〇一三年八月，美國經濟學家皮凱蒂的著作《二十一世紀資本論》在美國搶盡風頭。其中說：「美國的貧富懸殊令人吃驚。二〇一三年美國百分之一的富人稅後平均收入為一一二萬美元，而最底層的百分之二十的窮人稅後平均收入為一點三三萬美元。富人拿到手的錢是窮人的八十四倍。」

　　對此，皮凱蒂提出了解決方案：向「世襲財富」開刀。對富人扣掉負債以後的資產徵收累進稅，最高稅率可達到百分之八十，越富有的人繳納越高的稅賦，用對富人徵收的重稅重新分配財富，從而縮小貧富差距，以平衡社會。當然他也表示，這只是理想中的情景，因為掌控美國的富豪，寧願捐款給總統競選，也不願意掏錢給窮人救命。

　　因此，社會主義公平與效率的日益完善的結合，將會優於資本主義的效率附加公平，這證明了社會主義的優越性。

（三）社會主義實質民主對比資本主義金錢民主

　　西方資本主義國家總是攻擊東方社會主義國家「專制」「壓制人權」，標榜自己是多麼的「民主」和「自由」，真是這樣嗎？

　　在社會主義國家建立初期，必須鎮壓剝削階級的反抗，當國民黨因腐敗丟掉政權，卻利用土匪暴亂妄圖捲土重來時，不「專制」行嗎？其中有些過「左」的政策，也是一經發現及時糾正。至於後來的階級鬥爭擴大化，的確是錯誤，但這並不代表社會主義的本質。

　　早期的資本主義國家，才真正是不折不扣的「專制」政權，專制地圈占地主的土地用於養羊，專制地迫使農奴進城當工人，一天勞動十七八個小時，那時有什麼民主？至於「自由」，資本家擁有吃喝玩樂的自

由，窮人只有無家可歸的自由。

後來，資本主義國家通過完善制度，走上民主道路，給予了人民大眾一定的民主權利。那也不是資產階級良心發現主動給予，而是民主社會主義領導工人，經過無數次的罷工鬥爭，自己爭取來的，資產階級有什麼資格攻擊別人「專制」，說自己「民主」？

再說，資本主義國家的民主，是資產階級自己才有資格擁有的「金錢民主」，用金錢開路競選，收買大報小報，用金錢「砸死」競爭對手，用金錢雇人上街遊行，用金錢收買選票，於是高票當選，與個人品格無關。

中國的社會主義民主，是在完善社會主義制度之中，正在切實施行的真正民主。首先培養人民民主意識，然後制定合理的民主與法治制度，之後逐步實施由人民民主選舉各級人大代表，人大代表密切連繫群眾、監督各級黨政公職人員「依法治國」。再逐步改革選舉制度，按照社會需要和經濟發展程度推進地方普選。

因此，社會主義民主是隨著各方面條件成熟而逐步推進的，社會主義由下到上的實質民主將會戰勝資本主義金錢民主。

三、世界資本主義快到盛極而衰轉捩點

（一）世界性的資本主義經濟危機

馬克思早就預見到，資本主義的雇傭勞動經濟制度與生產的社會化，必然要發生週期性的經濟危機。自從一八二五年英國發生第一次全面性的經濟危機以來，在英國、美國和其他主要資本主義國家，大體上每隔八至十二年，就要發生一次經濟危機。二戰前已經爆發了十二次經濟危機。二戰後，危機週期明顯縮短。

美國於二十世紀九〇年代初發生了二戰以來第八次經濟危機，但因東歐劇變、蘇聯解體，中國實行改革開放政策等，美國獲得機遇，由蕭條轉為復蘇，經濟持續增長十年時間。進入二十一世紀，美國發生了多次經濟衰退，雖有調控，但經濟仍沒有復蘇。

　　可見，世界經濟史證明，馬克思關於資本主義的經濟危機的論述，是生產過剩的危機，而且會週期性的爆發，這一預見是科學的。

　　這次經濟危機首先從美國爆發不是偶然的。美國利用美元是世界貨幣的地位，除了大量發行紙幣外，還發行了大量的國債、企業債券，不僅如此，投資公司還把房屋的次級抵押貸款「打包」作為有價證券買賣。

　　而相當多的美國人則靠借款消費，買房、買汽車靠貸款，上學靠貸款，買日常用品靠刷卡等。美國家庭的債務已經比全年的收入還多，是靠貸款維持著高消費的。總之，美國的虛假繁榮是靠大量發行紙幣、倒買倒賣有價證券及借款維持的。

　　由於有價證券的倒買倒賣、虛擬資本的惡性膨脹和借款還款、信用的惡性膨脹，造成了金融領域以至整個經濟領域的虛假繁榮。虛擬資本的膨脹，並不能創造真實的物質財富。要真正增加社會財富，只能是增產物質產品。

　　美國虛擬資本的惡性膨脹和信用惡性膨脹造成的虛假繁榮，加劇了生產過剩與實際購買力之間的差距。等到貸款買房、買汽車的人實在還不了貸款時，整個金融領域就爆發了危機，借貸信用的鏈條突然中斷，生產過剩的問題就集中爆發出來。一場被稱為「百年一遇」的「社會瘟疫」在美國暴發，並向全世界蔓延。

　　冰島因為大力發展金融業，倒買倒賣有價證券，經濟一度顯得很繁榮，但是危機一爆發，暴露出一三八三億美元的外債，而國內生產總值只有一九〇億元，整個國家靠負債維持，已經要宣告「破產」。虛擬資

本的惡性膨脹，最終「泡沫」總是要破滅的。

希臘債務危機，政府為了拉攏選民，獲得選票而大規模舉債，用於維持高福利社會的運轉，結果債台越築越高，遠遠超出了GDP的規模，最終債務到期，無力償還，國家面臨破產。其他歐盟國家也是同樣狀況。

經濟危機表明高度社會化的生產力與資本主義經濟制度外殼的矛盾，已經到了十分尖銳的程度，解決的唯一出路就是「炸毀」資本主義制度。

（二）後起資本主義國家走不出「中等收入陷阱」

「中等收入陷阱」是指國家的人均收入達到中等水準後，不能順利實現經濟發展方式的轉變，導致經濟增長動力不足，最終出現經濟停滯的狀態。

按照世界銀行的標準，絕大多數後起資本主義國家，走不出「中等收入陷阱」。像墨西哥、智利、巴西、菲律賓、馬來西亞、南非以及東南亞和拉丁美洲的一些國家等，都進入中等收入國家行列，幾十年後仍然掙扎在人均國內生產總值四千美元至一萬美元的發展階段，並且見不到增長的動力和希望。

絕大多數拉美國家的人均GDP早在二十世紀七〇年代就已經超過一千美元，成功突破「貧困陷阱」。但是，經過四五十年的發展，仍然沒有跨過一萬美元的門檻。他們陷入「中等收入陷阱」在於以下因素。

一是經濟結構和產業結構不合理。資本主義社會由資本所有者個人決定發展方向，片面追求經濟增長和財富積累；產業發展高度依附發達國家；缺少自主智慧財產權；二元經濟結構特點突出；經濟結構和產業結構不合理得不到糾正。

二是由於貧富懸殊，這是資本主義社會普遍存在的惡疾。二十世紀

七〇年代，拉美國家基尼係數高於零點六，由於貧富懸殊，社會嚴重分化，引發激烈的社會衝突和政治動盪，造成政權更迭，對經濟發展造成嚴重影響。進入二十一世紀，拉美仍然是全球貧富差距最嚴重的地區，同時也引發大量社會問題。

三是體制變革嚴重滯後。資本主義社會的既得利益集團利用其壟斷地位阻礙社會民主化和社會改革，反對在社會結構、價值觀念和權力分配等領域進行變革。利益集團勢力強大，整個社會被其控制操縱，腐敗氾濫。

非常明顯，收入差距過大、貧富懸殊，甚至兩極分化是所有陷入「中等收入陷阱」國家都存在的最為突出的問題，而貧富懸殊的背後，就是經濟和政治體制存在重大缺陷，社會主義國家與資本主義國家都可能面對這些問題。

後起資本主義國家內部封建勢力殘存較多，又缺乏社會主義的先進力量，不能進行徹底的政治改革與經濟改革，也就無力剷除既得利益集團。這些既得利益集團控制操縱了整個社會，完全破壞了權利平等和社會公正。他們利用其壟斷地位維護既得利益，從而導致社會腐敗問題嚴重，財富往少數上層和特權階層集中，數量龐大的下層民眾基本上享受不到經濟發展帶來的好處。

中國是社會主義國家，全國人民能夠在黨中央領導下，破除維護既得利益的腐敗官僚集團的阻撓，勝利完成全面社會改革，就一定能夠跨越「中等收入陷阱」。二〇一四年，中國人均GDP約為七千五百美元，全國已有北京、上海、天津等七個省市進入人均GDP「一萬美元俱樂部」。這些城市，繼續扮演著中國增長中心的地位，那裡的產業正在升級，經濟依然保持超然的活力。

這個事實充分證明，中國已經具備跨越「中等收入陷阱」的條件。只要沿海開放城市和地區繼續保持十年以上的經濟活力，繼續保證每年

百分之五以上的GDP增長速度，與此同時，內陸省市的GDP增長速度能夠超越沿海地區，那麼，社會主義中國就完全可以跨越「中等收入陷阱」。

四、世界社會主義發展高潮必然到來

（一）世界社會主義運動的深刻變化

東歐劇變以來，世界社會主義運動已經發生了重大而深刻的變化。各國共產黨在當代社會主義理論探索上獲得了較大的成就；對當代社會主義的許多問題有了新的認識；對黨的性質、奮鬥目標、指導思想、組織原則、革命道路和對外政策等問題都有了許多新的認識。這表現在以下十個方面：

第一，當代世界社會主義運動的目標發生了變化。已經從過去建設唯一的蘇聯模式的社會主義，發展成為建設多樣的各具本國特色的社會主義。

第二，對當代資本主義有了新的認識。各國共產黨已經從「資本主義總危機」的理論誤區中走出來，認識到現代資本主義仍然具有一定的自我調節、自我更新和自我發展能力。

第三，當代世界社會主義運動的策略發生了變化。它已經從武裝奪取政權的革命策略，轉變為武裝奪取政權與議會民主並重，實行和平變革資本主義，再走向社會主義的策略。

第四，當代社會主義運動的階級力量配置有新的變化。排除「左」的理論與政策的干擾，實行廣泛聯盟的政策，將廣大中間階級和其他反對壟斷資本的力量都包括在聯盟之中，進一步擴大了社會主義運動的社會基礎。

第五，對走向社會主義革命發展階段有了新的認識。東歐劇變使人們對社會主義建設的長期性、複雜性和艱巨性有了新的認識，不少發達國家共產黨在制定走向社會主義具體綱領時都採取謹慎態度，採取分兩步走的戰略。

第六，共產主義政黨採取了新的組織形態。二十一世紀初，大多數資本主義國家共產黨都提出了使共產黨現代化和建設群眾性政黨的方針，正在實現從先鋒隊政黨到現代群眾性政黨的轉變。

第七，對馬克思主義有了新認識。東歐劇變使各國共產黨進一步認識到教條主義的危害。將馬克思主義與本國的具體實踐相結合，已經成為世界社會主義運動發展的主流，各國共產黨紛紛探索本國的社會主義發展道路，形成各具特色的社會主義理論與策略。

第八，世界社會主義運動的國際團結與合作出現了新的形式。發展黨與黨之間的雙邊關係，成為各國共產黨進行國際連繫和相互支持的主要形式。一年一度的「共產黨和工人黨國際會議」以及「國際共產主義研討會」等，也是世界各國共產黨加強連繫、交流思想觀點和工作經驗、促進世界社會主義運動發展的重要形式。

第九，世界社會主義運動與其他社會運動的關係有了新發展。各國共產黨對其他社會進步力量開展的反對資本主義和爭取社會主義的運動採取了寬容的態度：凡是有利於解放生產力，發展生產力，消除兩極分化，實現公平正義的社會運動，各國共產黨一般都表示支持，尊重其對社會主義發展道路的不同探索。同時，主要國家的共產黨和社會黨的黨際關係已經正常化。

第十，各國共產黨的工作方式和方法出現新變化。其一，議會鬥爭從過去的輔助性的鬥爭形式，已經發展成為各國共產黨爭取社會主義的重要鬥爭形式。其二，資訊技術在世界社會主義運動的發展中起著越來越重要的作用，能否掌握資訊工具、運用資訊手段，關係到各國共產黨

的生存和發展。

（二）科學社會主義在改革中發展

美國金融危機席捲全球，世界各國共產黨和工人黨開始復興，先後召開了三次國際會議，對全球資本主義經濟危機、國際共產主義運動、社會主義的發展前景等議題進行了廣泛的交流與探討，會後分別發表了《聖保羅宣言》《新德里宣言》和《茨瓦尼宣言》。

三個宣言認為：當今世界科學社會主義的發展，應該以本國具體國情為基礎，加快社會主義改革，擺脫僵化的、封閉自守的社會主義模式。各國都應根據本國具體國情、民情，順應當今世界發展潮流，探索建設符合本國國情的發展模式。世界社會主義運動的策略，從武裝奪取政權的革命策略，轉變為兩手準備，也就是可以通過議會民主道路，和平地變革資本主義和走向社會主義。

拉美國家的共產黨定期舉行地區性國際會議，十多年來一直堅持每年一次的「聖保羅論壇」。其中二〇〇七年十二月在古巴哈瓦那召開的第十次會議規模最大，來自八十六個國家、一三八個政黨和組織的三千名代表和觀察員與會。「聖保羅論壇」已成為拉美地區左派政黨和世界其他國家左派政黨的規模較大的重要聚會。這些多邊交往活動推動了拉美和相關地區的左翼力量間的資訊交流和協調配合。

委內瑞拉前總統查韋斯，在二〇〇九年十一月的世界共產黨代表大會上呼籲成立第五國際。這個建議提出後，得到了大多數國家共產黨組織和左翼政黨的支持和響應。

查韋斯總統倡導建立第五國際的建議由於種種原因雖然還沒有實現，但在當前國際金融和經濟危機仍向縱深發展的歷史背景下，必將會促使世界各國無產階級和廣大勞動人民的鬥爭熱情不斷高漲。因此，建立一個新的共產國際必然是當前國際共產主義運動走向復興的首要任務

之一。

二〇一二年五月一日，歐、亞、北美等地十四個馬列毛主義共產黨發出了建立新共產國際的聲明：「我們必須到處推廣，支持正在進行的人民戰爭，並把他視作反對帝國主義的先鋒隊。印度毛主義共產黨領導的人民戰爭。秘魯的毛主義共產黨領導的人民戰爭。菲律賓毛主義共產黨領導的人民戰爭。土耳其毛主義共產黨領導的革命鬥爭。在其他國家，毛主義共產黨正在發起或積極準備發起人民戰爭。在帝國主義發展不平衡的國際環境中，我們必須進行戰鬥，在全世界結束資本主義制度，建立一個沒有剝削，沒有壓迫，沒有死亡戰爭的新世界——社會主義——共產主義的世界。我們要努力工作，在馬列毛主義的基礎上，聯合起來，開展革命鬥爭，建立新型的共產國際。」

越南共產黨「六大」制定了全面革新開放的路線，使越南社會經濟面貌發生了巨大變化。在探索社會主義的道路上取得了新的成就，同時在社會轉型過程中也經歷了一些教訓和考驗。尤其是近年來在政治經濟體制改革中，時有新創見。越南共產黨正在馬克思主義越南化的道路上不斷摸索前進。

二〇一四年，日本共產黨委員長志位和夫在東京舉行的「赤旗節」上發言，反對安倍政府推進解禁集體自衛權，他呼籲：「讓我們用國民力量打倒安倍。」他的呼籲是有力量的，因為日本共產黨已經成為在野的第二大黨。

這些情況充分說明：科學社會主義的各國共產黨，正在以本國具體國情為基礎，加快社會主義的改革和聯合。

我們當年宣講的科學社會主義理論來自蘇聯，蘇聯解體的「漫天大雪」，將蘇式「共產主義康莊大道」，遮掩成一片迷茫。

而今隨著社會發展，「摸著石頭過河」的堅定的社會主義先行者，為我們在茫茫大雪中踏出一條路，迎來旭日東昇，即將雪化冰消，比以

往任何時候都看得清楚，中國特色社會主義前景一片光明。

終於可以為「科學社會主義」正名了，除掉過去華而不實的部分，充實現在和未來可望可見的遠景，終於可以理直氣壯地宣傳科學社會主義。

如果你看到這裡，還對社會主義光明前景半信半疑的話，請你放寬心再觀察十年，當你看到隨著中國社會全面改革，完善社會主義制度，完善從基層民主開始的各級人大監督機制；看到中國政治、經濟、文化全面超越美國，世界資本主義由盛轉衰；看到各國共產黨領導的社會主義運動正在復蘇和興起，國際社會主義發展高潮就要到來了。

（三）民主社會主義在資本主義衰落中進步

國際社會主義發展高潮就要到來的另一個因素，就是民主社會主義在西北歐和世界其他資本主義國家取得的成功。

二十世紀九○年代到現在的二十多年裡，民主社會主義的社會民主黨在全世界進入新的發展階段，在歐盟十五國中的十三國執政參政。現在的社會黨國際有各類成員黨一六一個，黨員四千萬左右，選民三億多，在五十多個國家執政或參政，遍布世界五大洲的一百多個國家和地區，社會民主黨已經成為真正意義上的全球性政黨。

雖然社會黨國際成員黨眾多，魚龍混雜，觀念與路線分歧嚴重，不是真正的馬克思主義者，個別成員黨甚至宣稱不再承認馬克思主義。但他們對資本主義的限制和對人民福利的提高是有目共睹的，他們由此得到了資本主義國家下層民眾的支持和選票。

各國社會民主黨的執政經驗，也在另一個方面豐富著社會主義的實踐。他們早就認為：貧窮不是社會主義，富裕加專制腐敗也不是社會主義。爭取普通民眾的福利和政府官員的廉潔，是民主社會主義的兩大亮點，也為我們爭取他們合作提供了現實可行性。

民主社會主義在一定程度上，限制了資本主義的剝削。構成民主社會主義模式的是民主憲政、混合私有制、社會市場經濟、福利保障制度。核心是民主，沒有民主做保障，其他都會變質。

共同富裕不是讓有產者變成無產者，而是讓無產者變成有產者；不是讓富人變成窮人，而是讓窮人變成富人。這是社會民主黨人治理國家的總體思路。這個嶄新的思路比我們曾經奉行的階級鬥爭、劫富濟貧思路高超百倍，前者是共同富裕，後者是共同貧窮。

二〇〇六年公正俄羅斯黨建立以後，俄羅斯的民主社會主義有了崛起的跡象。而俄羅斯共產黨卻止不住地衰落，在未來十年內，公正俄羅斯黨有很大可能超過俄羅斯共產黨和自由民主黨，崛起為普京所在的統一俄羅斯黨之下的第二大黨。

在民主憲政框架內，瑞典社會民主黨依靠自己政策的正確，代表了該國民眾的利益，得以連選連任六十五年。

該黨在經濟建設中把效率和公平統一起來，擁有實現共同富裕的經驗；正確處理勞資關係，調動工人和企業家雙方的積極性，實現勞資雙贏的經驗；有效地防止特權階層出現，杜絕官員以權謀私、貪污受賄，長期保持廉政的經驗。這些都為中國在改革開放中堅持社會主義方向，創新民主模式，提供了可取的借鑑。

（四）兩派團結鬥爭將掀起社會主義發展高潮

社會主義的兩大流派，科學社會主義和民主社會主義，都是來自馬克思主義。科學社會主義是在經濟落後、封建意識比較濃厚的小生產者占主體的國家，由於資產階級力量不夠強大，才能夠通過暴力革命取得成功。

民主社會主義是在資本主義發展充分，民主意識為人民廣泛接受，資產階級力量強大，暴力革命很難開展的國家取得的成績。科學社會主

義在西方資本主義強國難於發展，民主社會主義在東方封建主義弱國也無法立足。

　　兩大流派的發展道路也不同。科學社會主義取得革命成功，建立社會主義國家制度後，必須發展經濟，完善制度，才能真正實現社會主義的共同富裕。民主社會主義通過合法鬥爭取得執政權，由於資本主義還有較強生命力，只能保留資本主義制度，同時爭取社會主義福利，實現一定程度的共同富裕，等到資本主義真正衰落，再尋找機會發展到公有制為主體的社會主義。

　　不可否認，兩大社會主義流派現階段在指導思想和路線政策上，還有相當大的政治距離。是否可以互相支持和合作，共同為社會主義的發展而鬥爭，這可能是當今國際社會主義運動面臨的迷茫。

　　但是我們可以回想，新民主主義革命初期，我黨尚且可以聯合民族資產階級反帝反封建，為什麼現在就不能聯合民主社會主義反對帝國主義霸權呢？人和事物都是不斷發展進步的，科學社會主義國家尚且需要百年實踐來完善社會主義制度，民主社會主義黨派也有可能在未來百年資本主義衰落之後，轉而重新接受馬克思主義。

　　所以，科學社會主義現在就應該著力開展與民主社會主義的合作，建立全面反抗世界資本主義的統一戰線，堅持思想理論上的原則性和策略上的靈活性。一方面要用馬克思主義的科學理論去爭取民主社會主義轉變立場，接受馬克思主義理論；另一方面，真誠幫助各國民主社會主義黨派在該國資本主義衰落之後，走上社會主義道路。

　　兩大社會主義流派都會在合作中得到進步：科學社會主義必須發展經濟完善制度，拋棄極「左」思維建立民主政治。民主社會主義當年是由於資本主義強大才不得不與之周旋，「保留」不等於贊同，在資本主義衰落之後，即使已經宣稱不再承認馬克思主義的某些國家的社會黨，也絕不可能抱著資本主義為之殉葬，必然放棄幻想，順應選民意願，順

應時代潮流，適時過渡到社會主義。

二〇〇四年，胡錦濤在法國國民議會演講，其中提出，發展社會主義民主政治，是我們矢志不渝的奮鬥目標。我們明確提出，沒有民主就沒有社會主義，就沒有社會主義現代化。我們積極推進政治體制改革，完善社會主義民主的具體制度，保證人民充分行使民主選舉、民主決策、民主監督的權利。這是中國民主政治即將達到的目標，這也是我黨與民主社會主義合作的基礎。

達到了這個目標，我黨就會得到世界各國人民的歡迎，就一定會贏得世界近百個國家民主社會黨的歡迎，共建社會主義統一戰線。各國的社會主義政黨，就會成為我們的社會主義同盟軍。馬克思主義的力量將會得到加強而不是削弱。馬克思主義的旗幟，我們將舉得更高，舉得更有力。

所以，兩大社會主義流派在未來社會將是科學社會主義國家發展經濟完善制度，民主社會主義國家趁資本主義衰落過渡到真正的社會主義，二者必然會殊途同歸地團結合作。

既然資產階級政權也是君主立憲和共和制並存，社會主義也應該允許多種形式的實踐。只要有著深厚群眾基礎的國際社會主義運動，肯定會由低潮逐漸復興，兩派團結合作，掀起新的發展高潮。

（五）世界半數國家進入社會主義的成長時期

兩大社會主義流派發展與合作的時間，取決於資本主義衰落的快慢。隨著中國取代美國成為世界第一，以及資本主義經濟危機的頻繁發生，資本主義衰落的趨勢就會加快。這樣發展下去，經過上百年以至更長時間之後，世界面貌會出現較大的變化。

可以預計，在二〇五〇年之後的一百多年中，世界上欠發達國家的人民和共產黨人，看到中國的榜樣，從嚮往到行動，或民主爭取，或武

力抗爭，向中國學習，走本國特色社會主義道路，從漸變到突變，將成為不可阻擋的世界潮流。

民主社會主義各國黨派現在已經是影響巨大的全球性政黨，今後的勢力和影響會越來越大。民主社會主義多數黨同樣胸懷共產主義理想，會適時地加入這個世界潮流，利用合法方式取得資本主義國家的政權，適時進行社會改革，從生產力得到較大發展、資本主義生產關係已成阻礙的社會，順應人心地過渡到社會主義社會。

經過一兩百年漫長曲折、可歌可泣的、或和平或抗爭的演變，不知不覺，世界上就會有半數以上國家或半數以上人口進入社會主義。

其中有從貧窮走上社會主義道路的非洲小國，還有資本主義發展走入陷阱的中等收入國家重新選擇發展道路，還有深受中國幫助的中亞諸國選擇社會主義，以及被美國圍堵打擊，無力發展資本主義的俄羅斯，將會從民主社會主義過渡到社會主義。

第五章　世界社會主義向共產主義 過渡的大融合時期

中國封建社會代替奴隸社會，經歷了五百多年；世界資本主義制度代替封建制度，經歷了四百多年；共產主義代替資本主義的時間不會短，但也不是非常漫長。

　　人類是群居性的智慧動物，融合是永遠的天性。隨著政治經濟和科技發展，以及人文交流不斷地擴展，已經從原始社會的小部落，融合到了近現代的大小國家。在資本主義融合受挫之後，資本主義的大小國家將一步步走向衰落，經過或改革或革命的道路進入社會主義。

　　從社會主義國家融合到社會主義聯合體，再從各大洲的社會主義聯合體融為世界一體，實現共產主義。這應該是未來幾百年人類社會發展的必然趨勢。

第一節　國家大融合是人類社會發展的必然趨勢

一、科技發展推動各國政治經濟融合

（一）未來世界科技的發展趨勢

1. 科技全面突破，各學科交叉融合

由於全球互聯網的發展，使獲得資訊的速度千百倍地提高，大大提高了科研開發效率。因此，現代科技從二十一世紀的分門別類突破，或幾個學科領域的突破，發展到科技全面突破。多學科的綜合、滲透和交叉，導致了一系列新的跨學科研究領域的出現。資訊科學、能源科學、空間科學等，都是各學科交叉融合的結果。

未來科技的發展，表現在宏觀和微觀兩個尺度上。宏觀上向最複雜的方向發展，比如對社會系統、經濟系統、生態系統的研究，將對社會發展產生重大影響。微觀上向最簡單的方向探索，比如對基本粒子、基因工程的研究，可能引起全新的技術革命。

2. 高科技成為經濟發展的主導力量

在二十世紀以前，科學技術一直在經濟發展中處於從屬地位，基本的模式就是生產的需要刺激技術的發展，技術發展了再回頭探討原理。軌跡是：生產—技術—科學。科技落在生產後面。

進入二十一世紀，科學顯示了巨大價值，生產和科學的作用機制出現了逆轉。科學理論走在技術和生產的前面，科技主導經濟的發展。軌

跡變成了：科學—技術—生產。比如，運用原子核裂變的科學原理，發展核技術，建立核電站從事電力生產。

現代科技這種特點，促進了科技和社會經濟的緊密結合，高科技成為經濟發展的主導力量。因為它促進了勞動生產率的大幅度提高。中國以前的傳統手工業人均年產值大約只有二千元，現代機器工業人均年產值大約二萬元，而高新技術產業的人均年產值達到二十萬元甚至上百萬元。

高新技術產業的發展，已經成為國家綜合國力的主要因素。而高新技術的研究開發需要巨額資金和無數頂尖的科研人員，單個國家往往無力承擔，必須進行國際合作，推動各國之間的科學交流和技術進步。

3. 科技與社會的結合越來越密切

當代社會出現了一種嶄新的現象，自然科學與社會科學緊密連繫，任何重大的科技問題都具有社會綜合性質，單靠科技本身不能解決，闡述這種現象的學術叫作混沌理論。混沌理論不只是自然科技，也不只是人文社會科學，只能說它是所有學科的綜合體。

混沌理論的概念指在人類社會或者在自然界中，表面看來不相關的大量偶然因素，會形成一定的系統影響，逐級放大，最後造成嚴重的後果。

美國氣象學家愛德華這樣闡述混沌理論，一個蝴蝶在巴西輕拍翅膀，可以導致一個月後德克薩斯州的一場龍捲風。這就是現代人們經常說起的蝴蝶效應。蝴蝶效應告訴我們，面對重大的社會問題，社會干預非常重要。

混沌理論的蝴蝶效應是逐級放大，一個人的偶然行為足以帶來國家的災難。混沌理論同樣說明科技問題不再局限於科技，同時也是重大的社會問題，自然科學和人文社會科學已經緊密連繫在一起。

當代出現的各種全球性問題，比如：轉基因引發的食品安全問題，

破壞環境造成溫室效應問題。這些既是科技問題，也是社會問題。解決這些問題，超出了單個國家的範圍，必須推動國際合作。

（二）科技發展對國家融合的巨大推動

科技是第一生產力，科技可以極大地促進社會生產力發展，提高生活水準，改變生活方式，增進國民交流，推動國家融合。

1. 交通模式發展促進人文交流推動國家融合

科技發展對經濟發展起著首要的推動作用。現代交通增進經濟連繫，促進人文交流，成為推動國家融合的決定性因素。

中國西南交通大學正在設計和獨立研究中的真空管道磁懸浮列車，沒有空氣阻力和摩擦阻力，常規運行速度每小時三千到五千公里。這種高科技的真空管道磁懸浮列車，消耗能量少，成本低廉，完全取代航空業，把地球的陸路交通縮短到一天之內。

交通方便了，全世界各個國家、各個地區之間的人文交流、經濟互助將會迅速增加，是各國融為一體的最重要的條件。

2. 能源發展促進經濟發展推動國家融合

有史以來世界各國、各地區間的矛盾和戰爭，都源自對資源和能源的爭奪，核聚變能源的開發，可以在未來一百年內普及使用，解決人類對能源的需求。這是推動國家融合的重要條件。

中國的全超導核聚變實驗裝置獲得成功，試驗溫度達到五千五百萬度，進行了物理放電試驗，獲得電流二百千安、時間接近三秒的高溫等離子體放電，表明中國的全超導核聚變實驗裝置已經趕上了世界先進水準。

可以預計，核能會得到普遍應用，各國各地區消除矛盾發展經濟，能夠增進各國人民的友好和融合。

3. 空間科技發展促進社會進步推動國家融合

空間科技是科技發展的皇冠，因為它決定著地球人類發展的未來。空間科技耗資巨大，各國通力合作將會推動國家融合。

空間科技對未來社會的發展起著至關重要的作用。現在已經多國合作建立了國際空間站，以美國、俄羅斯為首，包括加拿大、日本、巴西等共十六個國家參與研製。國際空間站長一一○米，寬八十八米，將是有史以來規模最為龐大、設施最為先進的人造天宮，可供六名太空人在軌工作。中國也計畫建成自己的空間站。

如果各國之間不能通力合作，由此帶來的地球科技力量的內耗和互相牽制將使人類難以發展到星際文明。

發展空間科技不是用於地球內鬥的，空間站只是開始，以後要建造各型空間工廠，製造龐大的太空船，必須各國合作。各國在空間科技太空船上的合作和發展，將會大力推動國家融合，從資本主義到社會主義，再從社會主義國家到社會主義聯合體，最終過渡到共產主義。

二、從國家到國家聯合體的融合進程

（一）從部落到小國再到國家聯合體是國家融合的大趨勢

人類是群居性的智慧動物，隨著生產的發展和交流的擴展，從五千年以前原始社會的部落，到三千年以前奴隸制、封建制的小國，再融合到近代資本主義的大國。大家確切地感受到，大國比小國更有利於發展生產力，增進各地區交流，更有利於合作以減少戰亂。所以，從小國到大國再到國家聯合體的融合，是未來幾百年國家發展的必然趨勢。

看世界地圖，大小國家數目太多，歐洲支離破碎、非洲四分五裂、

阿拉伯、東南亞、拉美國家，互相分割、彼此對立。太多的國家國界往往成為經貿、交通、旅遊、環保、治安等方面的重重障礙，若是條件成熟，它們必然選擇合併。

需要什麼條件才能促使國家合併呢？就是政治、經濟、文化的趨同性。人天性喜歡自由，但也嚮往社會群體合作，喜歡團結害怕孤獨，民主自治的方式既能保證自由，又能維繫民族團結。

國家之間不能強迫合併，如果不能消除各民族之間的隔閡與分歧，即使通過征服和強迫將小國合併為大國，戰爭和分裂也不能避免。

國家合併只能是在各民族、各國家民主自願的基礎上合併，合併後不同地區和民族採取聯邦自治的原則，聯合國起倡導和協調作用，這方面已經有了一些榜樣。

歐盟國家之間的合併已經走了很長一段路程。

歐盟各國從上千年以來互相征戰的不同國家，希望能夠融合成為擁有統一貨幣，統一旗幟，統一軍隊的國家聯合體。不過現在看來似乎不太可能，近期歐盟各國正在鬧意見，英國已經通過全民公決退出歐盟，希臘借錢不還，提出再借又不願降低生活福利，也想要退出歐盟。

英國退出歐盟以最極端的方式展現了歐洲當前的困境，隨著資本主義經濟危機越來越頻繁與嚴重，兩大階級貧富懸殊，社會不穩定，各國矛盾越來越多，他們的爭鬥會更劇烈。

社會主義的基本理念是對社會資源財富的共同擁有，通過共同生產達到共同富裕。這才是世界各國「大融合」必須具備的基本理念。所以，當資本主義國家無法「融合」，為了避免社會倒退，只能在資本主義衰落之後，以各種方式過渡到社會主義國家，再走上社會主義國家之間的融合道路。

（二）資本主義到社會主義的過渡和融合道路

科學社會主義國家通過未來幾十年改革和完善社會主義制度，實現了民主法治，再經過上百年的政治經濟文化發展，在社會的所有方面都勝過了同期的資本主義國家，證明了社會主義的優越性。

在經歷了一百多年漫長的漸變之後，一系列由資本主義制度引發的社會問題越來越嚴重。資本主義國家的人民意識到，資本主義社會的基本矛盾不可克服，植根於私人資本基礎上的利益爭鬥太過劇烈，要真心融合勢必困難重重，資本主義衰亡不可避免。

在資本主義生產關係無法維持之時，不同國情的資本主義國家，會以適應本國國情的方式或改革，或改良，或鬥爭，過渡到社會主義制度。隨著資本主義的衰落，資本主義各國的社會制度從漸變發展到突變，開始走向社會主義道路。先過渡到社會主義國家，再進而融合到社會主義國家聯合體。

地球上的各個大小國家之間，當然免不了有矛盾和鬥爭甚至戰爭。但是，資本主義和社會主義兩類國家之間的矛盾和戰爭，本質上是不同的。

資本主義國家之間，是互相控制，互相掠奪，互相征服的關係。實力相近的兩國才有可能交朋友，強國弱國之間只能是掠奪與反掠奪，征服與反征服的關係，強國想要加強控制以便得到更多利益，弱國只想擺脫控制避免落入陷阱，雙方不太可能心悅誠服地融合成功。

就像一兩百年以來，隨著美國變強、英國衰落，大片英國控制的土地或大洋上的小島，轉而落入美國手中。在當今世界，美國無力壓制社會主義的中國，轉而奪取已經走上資本主義道路的俄羅斯的生存空間，爭取烏克蘭加入北約，引來美俄矛盾，這必然導致戰爭。資本主義強國表面注重意識形態，實際注重的仍然是侵略掠奪來的真金白銀。

社會主義國家之間的關係就要正常得多，當然也會有利益紛爭，但一般不會發展到想要征服滅亡別國。這種關係更有利於社會主義國家之間互利互助，共同富裕，進而逐漸走上開始融合的道路。

經過相當長時間的大融合，未來世界會出現多個社會主義國家聯合體，例如歐盟、非盟、亞太盟等。資產階級力量較小的國家會率先接受社會主義洗禮，資產階級力量較強的國家肯定會有反復甚至是多次反復，但他們都不可能違背社會發展融合的客觀規律，經歷較長時間後，只能進入社會主義。

當世界半數以上國家進入社會主義之後，資本主義主要國家失去了掠奪和剝削的對象，加速跌落，資本主義的滅亡不可避免。征服資本主義國家的，是他們本國的人民，是不可阻擋的時代潮流。

社會主義國家通過互助合作，發展經濟和民主政治，融合到社會主義國家聯合體，比爾虞我詐的資本主義國家融合到國家聯合體要容易些，但仍然需要上百年或更長的時間。社會融合有其內在規律，不能揠苗助長。

三、社會主義國家聯合體向共產主義過渡的大融合

（一）中國要為大融合做出應有的貢獻

1. 中國人，要自信

很多年以來，西方資本主義國家對東方科學社會主義國家的制度詆毀和文化抹殺一直存在，而且越演越烈。最初我們還辯解和反駁，到後來面對貪腐嚴重和貧富懸殊的現實，有些人變得迷茫起來：我們的制度和文化真的就不如西方嗎？中國社會主義的前途何在？

對此，我們要據理疾呼：中國人，要自信！

我們承認：東方落後國家的科學社會主義脫胎於資本主義尚未發育成形的半封建社會，建立初期的不完善不可避免，由此而犯的錯誤也客觀存在。貪腐官員不能代表我們的黨，貧富懸殊也是社會主義經濟發展中的暫時現象。

西方經過一兩百年完善制度，資本主義制度有一些先進管理程式值得我們學習，然而學習的目的不是要仿效他們建立資本主義制度，而是據此完善社會主義的制度和文化。

2. 比較中美政治，堅持制度自信

黨的十八大報告說：「全黨要堅定中國特色社會主義的道路自信、理論自信、制度自信！」百年以後，人們對社會主義制度已經確信無疑，但是現在還必須作出比較，才能使我們建立自信。

現在中國的社會主義制度，程式上不夠完善是事實，但會越改越好，而且本質上已經超越了美國的政治制度。在最重要的一點，國家領導人的選拔方面，中國已經形成行之有效的制度。

反觀美國，是建立在金錢基礎上的民主政治。最富裕的二三十個人，捐給某個總統候選人的政治獻金越多，那個總統候選人就更有條件宣傳自己，抹黑對方，有更多機會接近選民，拉到更多的選票贏得大選。美國總統候選人的任職資格並不嚴格，也不可能有意識地從基層培養。誰知道富豪們二十年後支持誰坐這個位子呢？只要當過州長，當過參議員，演講水準高，是否熟悉美國並不重要，總統只是富豪的代言人而已。

所以復旦大學的張維為教授說，美國總是以一流國家，選出三流的國家領導人。這樣一來，是美國總統和推舉總統的執政黨決定美國的發展方向嗎？不！美國總統只是一個最大的「買官」者，而為他出錢「買官」的二三十個超級富豪，才能夠決定美國的發展方向。

這樣的政治制度，能夠為大多數普通民眾謀利益嗎？這樣的社會制度是好制度嗎？這樣的國家擁有光明前途嗎？怪不得美國在完善社會制度之後，仍然無法解決貧富懸殊問題，不能實現共同富裕。

所以，資本主義的基本矛盾會一直存在，資本主義的金錢「民主」制度也不會改變，資本主義國家制度的衰落就不可逆轉。

各個社會主義國家都會在完善社會主義制度之後戰勝資本主義國家，也會在發展經濟、共同富裕的基礎上開始社會主義大融合。

因此，中國應該在推進社會主義大融合中發揮積極的主導作用。

3. 求真務實，推進社會主義大融合

中國應該顯示出社會主義的優越性，但是不輸出社會主義。因為一國是否接受社會主義，不能由外界強加，要看其社會發展狀態是否適應，是其人民大眾出自內心的選擇。相信或早或遲，各個國家的人民終將順應時代大潮，接受社會主義，因為這是世界資本主義衰落之後的必然結果。

也許這種接受需要一個很長的過程。但由於各國國情不同，走向社會主義的時間、方式、道路也不一樣，揠苗助長反而會讓該國走彎路，尊重他國人民自己的選擇才是最適當的方式。

中國不需要得到他國的利益，中國和社會主義的後進國之間，是團結合作的平等關係，中國不當社會主義盟主，但可以建立適當的國際連繫機構。中國應該幫助這些國家發展經濟，完善社會主義制度。

當然，對於科學社會主義某個政黨內有可能出現的危害很大的極「左」思潮，必須進行堅決鬥爭，要以親身經歷幫助各個社會主義國家克服冒進情緒，腳踏實地發展經濟、完善社會主義制度。還要加強和民主社會主義各國政黨的團結。以中國為紐帶，加強兩大社會主義流派的互助和合作。

經過百年以上的互助發展，社會主義各國在經濟發展程度、政治制

度建設、文化傳承等各方面逐漸趨於一致。各國人民交流融合到成熟時期，自然產生聯合的願望，才可能由各個社會主義國家發展到社會主義國家聯合體，進而實現全世界社會主義國家聯合體的大融合。

（二）社會主義初級階段是各國共同的發展道路

中國的社會主義初級階段理論，是改革開放的總設計師鄧小平在「摸著石頭過河」之後，總結出來的正確理論，極大地促進了中國的社會主義發展。既然是初級階段，當然就是社會主義制度已經建立，但還不夠完善的階段。因此，中國的社會主義初級階段，大體相當於中國社會主義制度的建立和完善時期。

既然現在是社會主義初級階段，今後會不會經歷社會主義的中級階段和高級階段呢？答案是肯定的，馬克思從社會發展中總結出的辯證唯物主義和歷史唯物主義的客觀規律，預示了人類社會必須這樣發展。

中國社會主義的中級階段，應該是在中國社會主義全面改革基本完成，社會主義制度基本完善，進而向前發展的時候。

社會主義中級階段全面完善了社會主義制度，因而全面發揮社會主義優越性，實現了社會主義的共同富裕，全面趕超資本主義社會。隨著資本主義的衰落和反撲，世界社會主義運動全面掀起高潮，以往的弱小資本主義國家率先進入社會主義，社會主義國家逐漸占了世界多數，社會主義制度在全世界進入成熟時期。

社會主義中級階段比初級階段用時更久，需要經歷一兩百年以上的漫長發展歷程。因為社會主義中級階段已經不只是中國一個國家在發展，而是需要中國在發展中實現繁榮富強，在繁榮富強中耐心細緻等待各國發展。

等待資本主義逐步衰落，世界多數國家進入社會主義，然後再幫助這些國家經歷社會主義初級階段。尊重這些國家的國情，經濟建設不走

彎路，全面完善社會主義國家制度，實現社會主義共同富裕再發展到中級階段。

社會主義國家雖然國情不同，都應該有著相似的發展歷程，雖然借鑑中國經驗，接受中國幫助，可以縮短發展時間，但不可能跨越應有的發展階段，提著頭髮上月球一步到位。幫助大多數後進社會主義國家進入社會主義中級階段，方可能跨入全世界社會主義大融合的高級發展階段。

社會主義高級階段，就是社會主義國家聯合體融合過渡到共產主義的時期，說得直接點，社會主義高級階段就是共產主義的開始。社會主義國家在全世界占了主體地位，資本主義反抗越來越弱，直到滅亡，社會主義制度統一全世界，推動著社會主義進入高級階段的世界大融合。

（三）世界大融合各個方面

前途是光明的，而道路是曲折的。大多數社會主義國家或國家集團，借鑑了中國的發展經驗，會健康發展，先後完善社會主義國家制度。在實現不分種族國家的完全平等和共同富裕之後，也許要在二三○○年之後，全世界社會主義的幾個主要國家聯合體，開始進入社會主義的大融合。

社會主義的大融合主要是經濟融合、文化融合、政治融合。首先是經濟融合，人們交往多了，異族異國通婚群居，生活水準接近；進而發展到文化融合，共同的世界觀促成互相理解；再由經濟融合和文化融合來促進政治融合。三大融合完成，建立世界聯合體，全世界實現共產主義。

1. 經濟融合：經濟上的交往和連繫是一切社會融合的基礎，而科技發展將全世界融為一體

本著互助合作共謀發展的原則，全世界幾大社會主義聯合體，經濟

發展程度逐漸接近，生活水準逐漸接近，生活習慣逐漸接近。聯合體內所有國家經濟發展水準雖有高低但相差不大，經濟較差的國家也達到了平均值的百分之七十；各國公民投票贊同經濟合併的人數也高於百分之七十，必須達到這兩個指標，方可合併建立全球經濟聯合體。經濟融合比較緩慢，要融為一體需要一兩百年，畢竟不同的地區差距太大了。

2. 文化融合：以中華文明為主體的東方文化與西方文化以及世界各民族的文化融合

中國社會主義核心價值觀：富強、法治、民主、誠信為基本目標。融合西方文化的自由、平等、競爭、博愛的人性傳統，以及各民族各教派文化中平等尊重、積極向上的先進部分。通過充分接觸和了解，潛移默化、和風細雨，在經濟和日常交往接觸中，共同生產、共同生活，或工作或通婚，逐漸達到文化上的理解和認同。文化融合也比較緩慢，要融為一體需要一兩百年，畢竟不同的民族差異太大了。

3. 政治融合：世界幾大社會主義聯合體先完成經濟融合和文化融合，在條件成熟後再逐漸過渡到政治融合，建立世界聯合體，頒布聯合體憲法和各種法律

各個國家和各國軍隊自然消亡，員警管理社會秩序的職能仍然存在，管理觀念民主，管理制度更新。然後再幫助世界其他尚未加入的小國發展經濟，增加接觸交流，確立和完善社會主義制度。在該小國經濟發展達到地球聯合體平均值的百分之七十；該小國公民投票贊同與聯合體合併的人數在百分之七十以上時，方可融入聯合體。政治融合更加緩慢，要融為一體需要一兩百年或更長，畢竟不同的國家差別太大了。

（四）探討社會主義發展到共產主義的時代傳承

為什麼要探討社會主義發展到共產主義的時代傳承？探討這個時代傳承可以說明社會主義和共產主義的緊密連繫。

社會主義初級階段，就已經帶有共產主義先進特徵；共產主義到來，也肯定留有社會主義初級階段的某些特點。證明共產主義不是縹緲的空想，而是社會主義發展到最高階段的必然結果。認識清楚這些道理，可以提高我們的覺悟，堅定我們的社會主義理想信念。

所以，我們從以下六個方面，來分析社會主義發展到共產主義的時代傳承。

1. 社會管理機構

社會主義的管理機構在制度不夠完善時貪腐嚴重，然後逐漸完善制度消除貪腐。共產主義社會通過從上到下的科學管理與自下而上的民主監督相結合的先進機制，建立了高效廉潔的機構，對複雜的未來世界進行有效管理。進步的原因是長期改革之後的制度完善。

2. 社會分配制度

社會主義初級階段以按勞分配為主，多種分配方式為輔。隨著社會主義的發展，按勞分配成為單純的分配方式。到了共產主義社會，則轉變為按需分配方式，每個社會成員的物質文化需要隨時得到最大滿足。人們不再追求，也沒必要追求物質財富，而是追求創造和個性的發展與完善。分配制度的轉變是巨大的社會進步。進步原因在於，一是長期完善的經濟制度鼓勵各盡所能，二是科技發展帶來的物質極大豐富，三是全面而完備的社會保障。

3. 國家與軍隊

國家機器很花錢，軍隊裝備很燒錢。到共產主義社會，國家與軍隊消亡，進步原因是資本主義消亡，沒有階級和階級鬥爭，避免了各國之間的戰爭。社會還存在階層的差別，還存在維持社會秩序的員警。

4. 法治與民主

社會主義初級階段法治不夠完善，民主不夠通暢。到共產主義社會，法治非常完善，民主非常通暢。進步原因是社會成員的思想覺悟和

能力素質極大提高，以及通過長期改革形成的完善的社會監督機制。

5. 經濟發展制度

社會主義的經濟發展制度是計劃經濟和市場經濟的初步結合，共產主義的經濟發展制度是計劃經濟和市場經濟的完美結合，足以支撐「按需分配」的共產主義經濟模式。當然這個「完美」是相對而言的，是發展之中的「完善和美好」，將會不斷解決未來出現的問題，發展得更好。

6. 社會科技水準

社會主義社會的科技水準發展很快，但是面臨很多問題。到了共產主義社會，全人類集中財力、物力辦大事，可以達到科技發展與環境美化的完美結合，科技發展與資源需求的完美統一。

我們分析了社會主義發展到共產主義的時代傳承後，可以得出這樣的結論：社會主義道路是前人沒有走過的路，在各個發展時期出現一時的迷茫，摸索著前進是很正常的。共產主義不是天上的月亮，而是經過數百年奮鬥可以實現的人間美好社會。

我們要堅持走中國特色的社會主義道路。從社會主義必定發展到共產主義的大時代的高度，來看待今天的反腐倡廉和社會全面改革，我們就會理解，反腐倡廉絕不是一場運動一陣風，它會一直堅持不懈，社會全面改革也不是權宜之計，而是社會主義國家制度發展成熟的重要階段。隨著資本主義的沒落和社會主義的發展，兩大社會主義流派團結合作，新的社會主義發展高潮必將到來。未來，世界上會出現更多的社會主義國家，然後進入全世界社會主義的大融合，直到實現共產主義。

第二節　共產主義社會的發展特徵

一、共產主義社會的政治特徵

（一）階級差別消滅，國家軍隊消亡

　　共產主義消滅階級差別，就是建立全民所有制。由於科技的發展，生產力高度發展，電腦可以進行一切物質生產，因此社會分工逐漸消失。社會分工消失，也就失去交換的必要性，也就沒有必要運用市場，於是各種私有經濟成分消失，經濟制度成為單純的公有制。公有制消滅了剝削階級，社會分工消除了城鄉差別、工農差別、體智差別，進而消除了階級差別。

　　現在私有制還能推動生產力，因此還有較強生命力。當公有制完全成熟之後，滿足人們生產、生活需要的能力已經遠遠高於私有制。當私有制喪失了推動生產力的能力時，反而成了生產力發展的阻礙，比如一次次出現的大規模經濟危機，損害了絕大多數人的利益，必將受到絕大多數人的反抗和抵制，私有制為人類所拋棄是不可避免的，公有制是唯一的選擇。

　　私有制的弊端在當前主要體現在三個方面。

　　其一，私有業主以自我為中心的要求與社會利益發生衝突時，往往選擇自我利益，生產資料私人占有和社會化大生產的矛盾難以避免。

　　其二，私有財產的繼承性。父輩是經營能手，不見得兒子也是經營能手。所有者需要雇用經營者，然而被雇用的經營者與所有者也始終存

在對立。政治上的世襲制已經證明是錯誤的，經濟上的世襲制難道就是正確的嗎？

其三，私有企業主考慮的是自身利益的最大化。但對於社會來說，是滿足絕大多數人的需求。二者並非天然一致，主觀為自己的結果並非天然為他人，也可能損害他人。

公有制怎樣才能成長起來呢？社會主義國家公有制的發展體現為公有制企業對多種實現形式的探索過程。目前，中國走得是股權多元化之路，走得是與民營企業、外資企業結合之路，走得是讓經營者占有多數股份之路。總的來看，是把公有制企業的活力綁在非公經濟的戰車上，這時候既要發揮經營者的積極性，又必須強化國家的監管職能。

公有制企業要真正發揮活力，要建立民主選舉、民主決策、民主管理、民主監督的人民當家做主的政治體制；在於隨著生產力的發展，培養一批真正具有共產主義理想、大公無私的經營者；在於逐步實現「各盡所能，按需分配，縮小差別」的共產主義經濟體制。

隨著生產力的發展，人與人的物質利益競爭趨於緩和。個人實現利益最大化越來越建立在與別人合作的共同發展上，集體主義觀念形成。自覺自願地為生產力發展服務，為人民服務，階級差別才能消失。

隨著生產的社會化發展，人與人的相互依賴性進一步增強，合作成為絕大多數人滿足自身利益的最重要手段，競爭在生產力的發展過程中居於次要地位。如果不主動為他人服務，就不能保障自身利益。

在原始社會，生產力極為低下。在氏族內部，如果人們不相互依賴，就難以維持個體的生存，於是人們實行了原始的共產主義。

在未來社會，如果合作能更好地滿足每一個人的需要，人們在利弊的選擇中，就會更多地選擇合作，而不是競爭。這時候，人們將自覺地放棄財產不平等下的物質利益競爭，逐漸消滅了階級差別，使階級走向消亡。

階級消亡了，作為階級統治工具的國家自然也就不存在了，國與國之間為了利益互相攻防的軍隊當然也就隨之消亡了。

國家和軍隊消亡，並不意味著管理公共事物的機構的消亡，它只是失去了階級性質。所以，政府機構、人大機構和法制機構還必須存在。根據完善的法律法規調解各大洲、各地區正常的政治經濟紛爭。

（二）高度的文明，廉潔的體制，通暢的民主

共產主義是高度文明的社會，人們的思想覺悟得以極大提高。「人之初，性本善。」人性主要受後天影響，消滅了剝削制度，沒有了私心雜念影響，每個社會成員都受到良好的教育，有充足的物質保障和豐富的精神生活，造就了共產主義的高度文明。

階級消亡了，作為階級統治工具的國家自然也就不存在了，但這並不意味著管理公共事物的機構的消亡，它只是失去了其階級性質，會有相應的機構維護各個地區既競爭又合作的良好關係，保證人與自然的和諧發展，確定了個人應該享有的權利和應盡的義務。

任何社會都必須具備與社會發展狀況相適應的法律規範，這是對高度文明的培育和保障，也應該作為制度保障而繼續發揮指導作用。

共產主義社會的基本結構是金字塔式的，由從上到下的社會管理與從下到上的社會監督完美結合有機地組成。

在法治的保障下，人們享有廣泛而通暢的民主，各個地區設有地區人民代表大會。人民代表由人民普選產生，注重和人民的密切連繫，制定適應各地區狀況的地區性法律規章。各地區民眾依據合理的民主制度，選舉社會管理機構和公有制企事業單位領導人，規定一定的任職年限，有著嚴格的監督制約機制，可以質詢，可以罷免，杜絕貪腐。

共產主義的高度文明還包括良好的體制建設，經過長期的政治制度建設，完善了社會各級管理機構，既能保障人類社會的規範發展，又可

以充分發揮個人的積極參與作用。完善的社會體制加上高度覺悟的人，珠聯璧合，以服務大眾為榮，以因私廢公為恥，能上能下，可官可民，形成了產生廉潔體制的良性土壤。

高度文明的社會，也會存在意見糾紛，仍然需要法律制度來調節。法律不再體現出階級政治的強制性，而是對個人權益的合理保護。法律會更完善，適應未來的社會需求。法律尊重個人合理需要，個人自覺尊重法律規範。

二、共產主義社會的經濟特徵

（一）各盡所能，按需分配

共產主義社會生產力高度發展，物質財富極大豐富。在共產主義社會裡，由於生產力極大發展和勞動生產率提高，物質財富不斷湧流，社會產品極為豐富，達到可以滿足整個社會需要的程度。

共產主義是公平合理的社會制度，但也不可能絕對平均，因為絕對平均是不可能辦到的。

共產主義和社會主義在分配原則上，相同點是各盡所能，但是，每個人的能力和知識水準都是不同的。社會主義用了相當長的時間來探索，制定合理的機制來鼓勵人們各盡所能。

所以，共產主義社會同樣需要創造條件，鼓勵不同知識不同能力的人都發揮出最大的能力來創造財富。能力有大有小，貢獻就會有多有少，待遇也會有所差別，但不會很懸殊。

分配的基本原則是按需分配，主要是生活必需品的分配，比如糧食、住房、醫療、教育等社會必需服務。一般的物質財富，人人都可享受到，但稀有的資源則根據需要分配。

共產主義社會不是想要什麼就有什麼，需要受到四個方面的約束：一是自然規律的約束，你想要天上的月亮，當然不可能；二是生產能力的約束，都想要，但稀有產品生產量有限；三是需求的約束，吃肉吃多了胃受不了；四是社會的限制，你的消費與滿足，不能為別人帶來痛苦。

　　按需分配應該怎麼理解？首先，按需分配是針對能夠大量生產的產品而言的。共產主義社會的生產力也在發展，所以，用於按需分配的產品只能是大量生產的產品。生產效率再高，總是相對的、有限的。按需分配，就是指說現有產品能夠使所有想消費的人得到滿足。成熟產品能穩定生產，新產品能迅速形成規模，滿足人的需要。比如手機，在中國從出現到普及經歷了十多年，如果未來能在幾個月幾天裡面迅速普及，這也就為按需分配打下了基礎。

　　另外，按需分配針對的是有限的對象。有些東西就是有限的，不可能讓所有人滿足。一個姑娘有很多人愛，不可能所有愛他的人都能得到滿足。所有人都想第一個消費某一新產品，這也是不可能的。一般產品也不見得可以讓所有人隨心所欲地消費，畢竟物質產品的生產受到自然規律的制約，一定時期生產規模是有限的。因此，按需分配只能是相對的、有限的。

　　再有，按需分配並不就是可以無限地浪費和無度地需索。資源再豐富，產品再多，在無限的宇宙面前都是有限的。你不可能每天都領新手機，稍不如意就發少爺小姐脾氣，摔掉再領一個。如果很容易就得到的東西，你肯定不會珍惜。所以，按需分配應該有符合未來社會消費水準與發展狀況的必要限制。

　　家庭是否存在要看未來人類家庭的所有功能是否都可以由社會承擔。家庭的養老、撫幼等功能在一定程度上可以由社會承擔，但是家庭最重要的功能——源於親情的感情寄託，社會沒有辦法承擔，所以家庭

應該仍然存在。但是隨著社會的發展變化，人們生活的流動性增加，生活的舒適度提高，以及社會共性與個人個性的互補與尊重，未來社會的家庭觀念應該有了很大的改變。從社會、家庭和個人的真實需要出發，實現了社會整體的道德制約與個人追求穩定快樂本性的有機結合。

（二）計劃經濟與市場經濟的完美結合

在共產主義社會中，生產資料的占有關係徹底擺脫了私有制的束縛。生產資料和勞動產品歸社會公共所有，勞動者既是生產力的主體，又是生產資料的共同占有者，也是社會勞動產品的消費者和享受者，這就能夠既注重了公平同時又發揮了效率。

共產主義經濟的主體是計劃經濟。能夠大量生產產品，滿足人民普遍的生活需要，如吃、穿、住、行、醫、教等，用不著從交換中得到，當然就是計劃經濟。正如馬克思論述過的，計劃經濟是共產主義經濟的主體，擁有社會生活的支配地位，產品足以滿足全體社會成員物質生活和精神生活的需要，是全體社會成員的生活必需品，作為社會福利按需分配。這當然就側重於計劃經濟的生產和分配形式。

還有另一個部分，經濟占比雖然較小，但對社會發展和進步卻起著較大作用，這就是在一定社會範圍和一定生產階段存在的市場經濟。

共產主義的經濟，首先要滿足按需分配。然而無法做到絕對公平的共同富裕，也不可能持久。要讓共產主義經濟順利發展，當然應該滿足貢獻較大群體的高級需要，這就要求共產主義經濟必須是計劃經濟與市場經濟的完美結合。

計劃經濟與市場經濟完美結合，有機統一，相互促進的經濟模式，使人類走向生態環保、公平平等、協調合作、發展迅速的共產主義經濟。計劃經濟為主體，合理的市場經濟為補充，在市場經濟中貢獻越大，越能得到精神和物質的獎勵。遵照這些規則，人類經濟活動就能夠

建立在更加穩定與合理的基礎上。

要發揮不同地區人們的生產積極性，離不開計劃經濟和市場經濟的完美結合，因此必須存在一定程度的商品經濟和獎勵機制。公有制為主體，同時也存在著一定的股份制經濟，可以作為公有制的補充。

馬克思恩格斯《資本論》提到，股份制企業聘請專業人員行使管理職能，達到了資本與所有者的分離，使「資本家不再擁有私人企業，只是擁有私人財產」。由於資本與所有者分離的性質，使資本與股息隔離，股份制可以視作公有制的合理補充。公有制控股，個人以較低比例參股，所有的社會成員都可以分別投資不同的股份制公司，聘請專業技術人才經營管理，就可以將公有股份制視作公有制的一部分。在合理競爭中，提高各個公有股份制企業的管理水準。這就是共產主義社會正常發展的商品經濟，才會出現正常的生活資料私有的社會生活，各人投資不同的股份制企業，實現差別不大的共同富裕。

三、共產主義的社會特徵

（一）勞動成為需要，個性全面發展，消滅三大差別

馬克思在《德意志意識形態》中對共產主義社會做了一番田園詩般的描繪，在共產主義社會裡，任何人都沒有特定的活動範圍，每個人都可以在任何部門內發展，社會調節著整個生產，因而使我們有可能隨自己的心願今天幹這事，明天幹那事，上午打獵，下午捕魚，傍晚從事畜牧，晚飯後探討理論，但並不因此就使我成為一個獵人、漁夫、牧人或理論家。

勞動成為人的需要，不是因為人的覺悟有多高。人們會爭著搶著幹又累又髒的活，是基於勞動本身特性的變化。

一是社會勞動生產率大大提高，每個人的勞動時間大大縮短，個人自由支配時間越來越多。這就為每個人的自由選擇提供了條件，可以更多地考慮自己的興趣愛好。從近百年來的發展中，我們也已經看到這個趨勢。

在發達國家，勞動時間越來越少，由十九世紀每天工作十四五個小時，沒有星期天，到現在每天工作不到八個小時，每星期休息兩天，每年還有較長的帶薪假期。二〇〇二年的資料顯示，美國人平均每年工作一千八百二十五個小時。而在主要歐洲國家，這個數字介於一千三百至一千八百個小時之間。中國勞動時間縮短的變化也比較明顯，國家也正在落實帶薪假期。

二是勞動的娛樂化。勞動已經不再是原來那種讓人痛苦的過程，具有了娛樂功能。當前生產力的發展有兩個重要趨勢：資訊化、自動化程度越來越高，勞動強度越來越小，藍領（體力勞動者）越來越少，白領（腦力勞動者）越來越多；第一第二產業的占比越來越小，第三產業所占比例越來越大。發達國家的第三產業大都占到了百分之七十以上，而第三產業越來越具有娛樂性質。

在這種情況下，個人不再將自己束縛在某一種勞動職能中，而可以在各個領域中從事多方面的活動，學有興趣的專業，做有興趣的工作，做有興趣的研究，交志同道合的朋友，進入有興趣的虛擬遊戲，在一切自己願意表現能力和個性的領域，自由充分地發揮和發展自己的體力、智力和創造能力，充分地實現自己個性的豐富性和多樣性。

三大差別的消滅從近百年來發達國家的發展中看得極為清楚。但是，近百年來三大差別的消滅，並不是馬克思恩格斯所設想的社會分工的消滅，而是人們工作特徵和待遇的趨同。城鄉差別、工農差別的消滅，體現為城市化的迅速發展和農業生產的工業化、機械化、自動化、智慧化，農民已經變成了農業工人，農村的生活水準並不比城市差。

而腦力和體力勞動差別的消滅，則體現為腦力勞動者越來越多，並最終成為勞動者的主體，體力勞動者越來越少，最終全部由機械代替。一百多年來，人們的受教育年限越來越長。在發達國家，大多實現了十二年義務教育，人均受教育年齡達到十三年以上。中國現在人均受教育年齡比較少，已經實現九年義務教育，而且中國人均受教育年齡，每四到五年就增長一年。

　　照此趨勢，中國大概能在二〇五〇年達到發達國家教育水準。隨著教育的發展，勞動越來越自動化、智慧化。在可以預見的未來，腦力勞動者越來越多，並最終成為勞動者的主體。

　　人能不能樹立起集體主義觀念呢？許多人認為自私是人的本性，怎麼可能樹立起以利他為主的集體意識呢？實際上，利己和利他既有對立的一面，也有著統一的一面。作為自然人，每個人都有自己獨立的感覺、獨立的需要、獨立的思想、獨立的行動，這就決定了人的利益獨立性。但是每個人利益的實現都不可能獨立完成，都是建立在他人的利他基礎上。個人需要父母的養育，需要與他人分工合作；個人衰老，需要兒女或社會的贍養。

　　這種相互依賴性要求人拋棄那種以自我為中心的觀念，負擔起自己的社會義務，否則個體就無法生存發展，人類就無法延續。要想更好地滿足自我，就必須超越「以自我為中心」的概念。

　　人的需求是多方面的，一是需要物質滿足的自然需求；二是精神需求，更強調人與人的平等、友愛、團結、互助。

　　隨著生產力的發展，物質需求容易滿足。生活中的矛盾大為減少，精神需求提高，自私會受到鄙視，人們思想觀念有逐漸公益化的發展趨勢。這種趨勢在現有社會條件下已經顯現出來，比如公車讓座、捐款、救災、支教等，這就從社會條件上保證了人們的思想覺悟得到極大提高。

（二）科技推進共產主義共創輝煌

共產主義社會的科技發展水準，不是現在所能預料的。

科技不是科幻，要有科學根據，不能主觀臆想。

按照馬克思主義的觀點，自然界的發展是無限的，人類社會的發展也是無限的，不可能永遠停留在一個水準上，也會隨著社會發展出現新的社會問題，得到及時有效的解決而繼續進步。

所以，共產主義社會絕不是完美理想的終點，只能是人類社會更高層次的新起點。人類將從這個新起點出發，集中和整合整個地球內外的人力、資源和科技，追求更加美好的未來。

結束語

共產主義是人類社會更高層次的新起點

隨著人類社會政治、經濟和科技的飛速發展，世界人民在社會各個層面的交流融合以前所未有的力度倍增，全世界消除國家之間的掠奪與戰爭，統一在同樣社會制度下的光明未來為期不遠。

資本主義曾經是一種先進制度，它促進了生產力的高速發展，由於其固有基本矛盾決定的掠奪剝削本性，不可能成為促成世界統一的社會制度，已經完成了歷史使命，正面臨盛極而衰的轉捩點。全世界社會主義向共產主義的曲折發展，才是人類社會實現世界大同的必然趨勢。

經常有人提問：一國或幾國的社會主義由初級階段發展到高級階段最終過渡到全世界的共產主義需要多長時間？對於實現共產主義的時空概念問題，不僅是社會主義陣營的人民關心的大事，也是全世界人民關心的大事；既是社會主義國家研究的問題，也是資本主義國家研究的問題。

毛主席根據共產主義運動發展規律和建設社會主義的經驗教訓，得出社會主義社會是一個相當長的歷史階段的結論。

社會主義社會的發展階段到底有多長？三四十年是相當長，三四百

年也是相當長。但是，不管有多長，共產主義是幹出來的，不是等出來的。快比慢好，走比站好，本來就相當長，不前進，進入共產主義就會拖得更長。所以，毛主席豪邁地說：「一萬年太久，只爭朝夕！」

後來，鄧小平把高級階段共產主義社會的實現時間，闡述為需要幾代人、十幾代人甚至幾十代人的努力。也就成了黨的十七大報告中的表述，鞏固和發展社會主義制度，需要幾代人、十幾代人甚至幾十代人堅持不懈地努力奮鬥。

一國或幾國的社會主義發展到全世界的共產主義，需要十幾代人共計幾百年的努力奮鬥，大體需要經歷五個時期：一是社會主義制度的萌芽時期；二是社會主義制度在各國的建立和探索時期；三是社會主義制度在各國的完善時期；四是社會主義國家在全世界發展的成熟時期；五是世界社會主義國家及國家聯合體向共產主義過渡的大融合時期。

中國社會主義在共產黨的英明領導下，經過了艱難的萌芽時期，曲折的建立及探索時期，正處在更加重要的第三個時期：承上啟下的制度完善時期。遭到挫折，可能要大傷元氣，經歷近百年社會曲折再重新走向社會主義；完善成功，就能夠在中國鞏固和發展社會主義制度，順利進入社會主義中級階段，進而團結和帶動全世界社會主義的發展。

所以，反腐倡廉絕不是一場運動一陣風，它會一直堅持不懈；全面改革也不是權宜之計，而是社會主義國家制度發展成熟的重要時期。為此，必須加強社會主義理想信念教育，將社會主義理想信念教育從過去、現在延伸到未來，發展形成融合中國國情的科學社會主義理論體系。

共產主義社會建立在高度發達的生產力的基礎上，所以必須把共產主義從空想中解脫出來，才能使人們樹立起對共產主義的信心。共產主義社會不是虛幻的天堂，不是天上的月亮，可望而不可即，而是人類社會發展實現各民族完全平等和共同富裕之後，消除了國家內部的階級對

立和國家之間的民族矛盾，建立在成熟的社會管理體制上的互助互利的理想社會。

按照馬克思主義的觀點，自然界的發展是無限的，人類社會的發展也是無限的，永遠不可能停留在一個水準上，也會隨著社會發展出現新的社會問題，得到及時有效的解決而繼續進步。

所以，共產主義社會絕不是完美理想的終點，而是人類社會更高層次的新起點。

新社會主義研究叢刊 AA201019

大國信仰

作　　　者	鄭有荃
版權策畫	李煥芹

發 行 人	林慶彰
總 經 理	梁錦興
總 編 輯	張晏瑞
編 輯 所	萬卷樓圖書股份有限公司
排　　版	菩薩蠻數位文化有限公司
印　　刷	百通科技股份有限公司
封面設計	菩薩蠻數位文化有限公司

出　　版　昌明文化有限公司

桃園市龜山區中原街 32 號

電話　(02)23216565

發　　行　萬卷樓圖書股份有限公司

臺北市羅斯福路二段 41 號 6 樓之 3

電話　(02)23216565

傳真　(02)23218698

電郵　SERVICE@WANJUAN.COM.TW

大陸經銷　廈門外圖臺灣書店有限公司

　　電郵　JKB188@188.COM

ISBN 978-986-496-546-5

2020 年 2 月初版

定價：新臺幣 320 元

如何購買本書：

1. 轉帳購書，請透過以下帳戶

　　合作金庫銀行　古亭分行

　　戶名：萬卷樓圖書股份有限公司

　　帳號：0877717092596

2. 網路購書，請透過萬卷樓網站

　　網址　WWW.WANJUAN.COM.TW

大量購書，請直接聯繫我們，將有專人為您

服務。客服：(02)23216565　分機 610

如有缺頁、破損或裝訂錯誤，請寄回更換

版權所有・翻印必究

Copyright©2020 by WanJuanLou Books CO., Ltd.

All Right Reserved　　　　　　Printed in Taiwan

國家圖書館出版品預行編目資料

大國信仰 / 鄭有荃著.-- 初版.-- 桃園市：

昌明文化出版 ; 臺北市：萬卷樓發行,

2020.02

　　面 ;　　公分.-- (新社會主義研究叢刊 ;

AA201019)

ISBN 978-986-496-546-5(平裝)

1.社會主義　2.中國大陸研究

　　549.22　　　　　　　　　　109002151

《大国信仰：社会主义理想信念读本》©簡體中文版 2015 年 11 月第 1 版　人民日報出版社

本著作物經廈門墨客知識產權代理有限公司代理，由人民日報出版社有限責任公司授權萬卷

樓圖書股份有限公司（臺灣）出版、發行中文繁體字版版權。